Sabine Nitsch

Salutogene Selbstführung

Individuelles Stressmanagement
als eine Möglichkeit salutogener
Selbstführung für Führungskräfte
in Sozialberufen in Deutschland

disserta
Verlag

Nitsch, Sabine: Salutogene Selbstführung. Individuelles Stressmanagement als eine Möglichkeit salutogener Selbstführung für Führungskräfte in Sozialberufen in Deutschland, Hamburg, disserta Verlag, 2016

Buch-ISBN: 978-3-95935-292-5
PDF-eBook-ISBN: 978-3-95935-293-2
Druck/Herstellung: disserta Verlag, Hamburg, 2016
Covergestaltung: © Annelie Lamers

Bibliografische Information der Deutschen Nationalbibliothek:
Die Deutsche Nationalbibliothek verzeichnet diese Publikation in der Deutschen Nationalbibliografie; detaillierte bibliografische Daten sind im Internet über http://dnb.d-nb.de abrufbar.

© disserta Verlag, Imprint der Diplomica Verlag GmbH
Hermannstal 119k, 22119 Hamburg
http://www.disserta-verlag.de, Hamburg 2016
Printed in Germany

Danksagung

Da ein Buch ein großes Projekt darstellt, möchte ich mich hiermit bei allen Personen bedanken, die mich fachlich und persönlich bei der Erstellung dieser Arbeit unterstützt haben.

Ich danke meiner Familie, welche mir das Verfassen dieser Arbeit erst ermöglicht hat und auf deren Unterstützung ich immer zählen konnte.

Mein besonderer Dank gilt Nadine Arenare, Anja Beesch und Sina Damköhler, die sowohl durch das Korrekturlesen dieser Arbeit, als auch durch ihre hilfreichen Ratschläge und aufbauenden Worten maßgeblich zur Qualität dieses Werkes beigetragen haben.

Des Weiteren bedanke ich mich bei Daniel Werner, der es stets verstand mich zu motivieren und mir mein Ziel vor Auge zu führen.

Stark beeinflusst und zu dieser Themenidee bewogen haben mich sowohl meine Kolleg_innen des Elternseminars der Stadt Stuttgart, insbesondere Christine Heppner, als auch meine Professorin Petra Strehmel (HAW Hamburg). Abschließend möchte ich mich auch für diese Einflussnahme bedanken, die mein Leben sehr bereichert hat.

Vielen Dank!

Inhaltsverzeichnis

Abbildungsverzeichnis

1 Annäherung an das Themenfeld

1.1 Problembeschreibung

Zurückblickend hat sich innerhalb des letzten Jahrhunderts, seit der Verbesserung der materiellen und hygienischen Lebensverhältnissen sowie der Einführung von Infektionsschutzimpfungen, die Lebensdauer des Menschen fast verdoppelt. Anfang des 20. Jahrhunderts starben die Menschen noch überwiegend an akuten Infektionskrankheiten. Heute drängen sich dagegen Herz-Kreislauf-Erkrankungen (z. B. Herz- und Hirninfarkte), degenerative Muskel- und Skeletterkrankungen, bösartige Nervenneubildungen sowie psychische und psychosomatische Erkrankungen in den Vordergrund. Auch wenn sich diese „modernen" Krankheiten in Ursachen und Erscheinungsbild unterscheiden, zeigen sich unter ihnen einige Gemeinsamkeiten. Im Gegensatz zum letzten Jahrhundert ist ein schleichender Prozess der Chronifizierung festzustellen und eine vollständige Genesung überwiegend noch nicht erreichbar. Das hängt damit zusammen, dass biologisch-konstitutionelle Faktoren, z. B. Lebens-, Arbeits- und Umweltverhältnisse wie auch individuelle Verhaltensweisen, einerseits sehr komplex und andererseits individuell zusammenwirken. Verhaltensbedingte Risikofaktoren für Herz-Kreislauf-Erkrankungen sind wiederholt empirisch nachgewiesen. Ursächlich dafür können beim Individuum mangelhafte Stressbewältigung, falsche Ernährung, Bewegungsmangel und Rauchen sein. Doch auch Arbeits- und Umweltverhältnisse wie hohe Verantwortung bei nur geringem Entscheidungsspielraum oder andauernde Arbeitsplatzunsicherheit beeinflussen das Erkrankungsrisiko und lassen das chronische Stressniveau steigen (KALUZA 2011, V, 4, 5).

Zusätzlich zur Relevanz der physischen Leiden steigt die Bedeutung von psychischen Erkrankungen, wie beispielsweise Depression, Sucht oder Burnout. Anhand der Krankenkassenreporte (1997-2010) wird deutlich, dass sich innerhalb der letzten 15 Jahre die Anzahl von Krankschreibungen wegen psychischer Erkrankungen verdoppelt hat. Dies ist heikel, weil es in diesen Fällen häufig zu vergleichsweise langen Arbeitsausfällen kommt. Dadurch steigen wiederum Fehlzeiten und es häufen sich sowohl Konflikte als auch Fehler im Arbeitsablauf (vgl. DGFP 2011b, 4, 25).

Die Veränderung der bedeutsamen Krankheiten trifft auf die demografische Entwicklung. Da bereits seit 2003 die Einwohnerzahlen in Deutschland sinken, werden die

Auswirkungen schon im Jahr 2050 spürbar sein. Es wird eine Abnahme der Bürger_innen von ca. 82 Mio. Menschen auf 75 Mio. erwartet. Personen im Alter von über 50 Jahren werden etwa die Hälfte der Bevölkerung ausmachen und ca. 60 Prozent des verfügbaren Einkommens vereinen. Schätzungsweise werden 1,6 Mio. Arbeitskräfte benötigt (vgl. ROLLE 2012, 8).

Anlässlich des fortwährend steigenden Bedarfs an wissensintensiven Arbeitsplätzen werden engagierte, motivierte und leistungsstarke Fach- und Führungskräfte unentbehrlich (vgl. MIDDELDORF 2011, 1). Nach einer Studie der BERTELSMANN-STIFTUNG werden bis 2020 (im Vergleich zu 2003) ungefähr 800.000 Universitäts- und 1,1 Mio. Hochschulabsolvent_innen fehlen, insbesondere in den Bereichen Wirtschafts-, Sozial-, und Erziehungswissenschaften sowie im Ingenieurwesen (vgl. BERTELSMANN-STIFTUNG 2010).

Um diese enorme Zahl zu mobilisieren und infolge des vermehrten Ausstiegs qualifizierter Fachkräfte aus deren Bereichen, dem sogenannten Dropout (vgl. BAUSCH-WEIß 2004, S. 324), ist ein gesundheitssensibler Umgang mit der Ressource Personal essentiell (vgl. ROLLE 2012, 8).

Da der Unternehmenserfolg von Dienstleistungsunternehmen mit den Mitarbeiter_innen steht und fällt (vgl. BAUSCH-WEIß 2004, 324), reagieren bereits viele Unternehmen darauf. Sie führen Maßnahmen zur Prävention und zum Umgang mit psychischen Beanspruchungen durch, wie z. B. individuelle Belastungs- und Beanspruchungsanalysen oder Delegation an Fachleute. Es ist interessant, dass dennoch in fast 90% befragter Unternehmen Beschäftige ein auffälliges Arbeitsverhalten zeigen (vgl. DGFP 2011b, 6, 25).

Die Deutsche Gesellschaft für Personalführung (DGFP) untersuchte im Jahr 2011 die psychische Beanspruchung von Beschäftigten und fand heraus, dass alle Gruppen von Mitarbeiter_innen davon betroffen sind. Es unterscheiden sich lediglich die Ursachen bei Personen mit und ohne Führungsverantwortung (vgl. ebd., 25). Bei fast jeder dritten Person im mittleren Management und bei mehr als jeder zweiten Person auf unterer Führungsebene konnten psychische Beanspruchung und auffälliges Arbeitsverhalten festgestellt werden. Damit gehören sie zu den am stärksten belasteten Mitarbeiter_innengruppen, wohingegen das Top-Management als am wenigsten belastet hervortritt (vgl. DGFP 2011b, 11). Diese Belastungen werden besonders durch

Erfolgsdruck, Zeitdruck, ständige Erreichbarkeit, fehlenden Freizeitausgleich und Arbeitsverdichtung verursacht (DGFP 2011b, 14-16). Folgen psychischer Beanspruchung für das Individuum können Depression, Reizbarkeit, Schlafstörungen, Nervosität und Präsentismus sein. Letzterer ist zwar zu den Fehlzeiten gegenläufig, aber ähnlich problematisch, weil es zeigt, dass die Führungskräfte sich nicht angemessen erholen und zu früh zur Arbeit zurückkommen. Diese personenbezogenen Auswirkungen wurden 2009 bei einer Studie von ALPERS bei 20 bis 25% des Führungspersonals nachgewiesen und stiegen in den fünf folgenden Jahren stetig an (vgl. GERARDI et al. 2014, 18, 19).

Dies verdeutlicht den enormen Weiterbildungsbedarf im Umgang mit Beanspruchungen und dass vor allem Personen mit Personalverantwortung dementsprechend darauf vorbereitet werden müssen. Aktuelle Probleme sind zum einen die Schwierigkeiten im Erkennen psychischer Beanspruchung und die adäquate Reaktion darauf, zum anderen die Tabuisierung des Themas seitens der Führungskräfte (vgl. DGFP 2011b, 25).

Leider verkennen viele Führungskräfte die Auswirkungen ihres eigenen Gesundheitsverhaltens auf Beschäftigte. Durch eine gesundheitsorientierte Selbstführung können sie einerseits Vorbild sein und andererseits zu gesundheitsförderndem Verhalten anregen. Häufig ist dies in der Unwissenheit über Gestaltungsmöglichkeiten sowie in der Besorgnis, eine „lästige Zusatzaufgabe" (GERARDI et al. 2014, 19f.) übernehmen zu müssen, begründet. Wichtige Führungsaufgaben werden durch zu bewältigende Sachaufgaben beiseitegeschoben. Personen mit Führungsverantwortung müssen dementsprechend dazu befähigt werden, ihre Aufgaben kontinuierlich und transparent wahrzunehmen, weil dies Vertrauen und Sicherheit bei den Mitarbeiter_innen schafft und langfristig die Gesundheit von Beschäftigten und Führungspersonen positiv beeinflusst (vgl. ebd., 19, 20).

Eine besondere Herausforderung für Führungskräfte im Sozialen Bereich stellt die „organisatorische Magersucht" (SELL, JAKUBEIT 2005, 96) dar. Durch qualitative und quantitative Einsparungen der Träger fehlen die „organisatorischen Fettpolster" (ebd.) wodurch Störungen und Konflikte weniger gut abgefedert werden; die Flexibilität nimmt ab und die Komplexität der Notlage steigt durch Stress und Überlastung (vgl. ebd.). Dies bestätigt auch die BUNDESANSTALT FÜR ARBEITSSCHUTZ UND ARBEITSME-

DIZIN (BAuA) im Stressreport 2012: „[H]ier liegen alle Werte zu Beanspruchungs- und Stressfolgen über denen der Gesamtstichprobe und bei fast allen Merkmalen finden sich hier Spitzenwerte" (BAuA 2012, 89). Dazu kommt, dass Non-Profit-Organisationen nur begrenzt Anreizsysteme für Mitarbeiter_innen (z.B. Gehaltshöhe, beruflicher Aufstieg) zur Verfügung stehen (vgl. BAUSCH-WEIß 2004, 324).

1.2 Erkenntnisleitfrage

Im Hinblick auf den Zusammenhang von Führung und Gesundheit können zwei Perspektiven eingenommen werden. Zum einen, wie sich das Führungsverhalten auf die Gesundheit der Geführten auswirkt, und zum anderen, wie die Führungtätigkeit die Gesundheit der führenden Person beeinflusst (vgl. PANGERT, SCHÜPBACH 2011, 71). In dieser Arbeit soll die Ebene der Führungskraft selbst untersucht werden, da diese bisher vergleichsweise wenig erforscht wurde. Es soll geprüft werden wie Führungskräfte Arbeitsbelastungen selbst bewältigen können, um gesund zu bleiben, gesund zu werden und ihrer Führungsrolle gerecht zu werden. Wie können sie die oben genannten Fähigkeiten, die von ihnen erwartet werden, vereinen und erhalten? Dazu kommen Fragen wie Führungskräfte bei sich selbst psychische Beanspruchung und Stress erkennen können und wie darauf adäquat reagiert werden soll. Wie kann dementsprechend die persönliche Stresskompetenz einer Person gestärkt und gefördert werden?

1.3 Methodische Vorgehensweise

Um zu diesen Erkenntnissen zu gelangen, soll zuvorderst geklärt werden was Gesundheit ist und welche unterschiedlichen Perspektiven eingenommen werden. Als zugrundeliegende Gesundheitstheorie wird das Modell der Salutogenese von ANTONOVSKY genauer erläutert, in welchem die Entstehung von Gesundheit thematisiert wird.

Anschließend wird geklärt um was es sich bei dem Begriff Stress handelt und wie er entsteht. Dazu wird das transaktionale Stressmodell nach LAZARUS näher beleuchtet. Ferner werden zwei ausgewählte arbeitspsychologische Stresskonzepte vorgestellt, die mit unterschiedlichen Schwerpunkten den Zusammenhang von Stress und Arbeit darlegen.

Nachfolgend wird aufgezeigt, welche Möglichkeiten es gibt, um mit Stress umzuge-hen und ihn zu bewältigen. Der Schwerpunkt liegt dabei auf individuellen Stressbe-wältigungsstrategien. Dazu werden unterschiedliche Bewältigungsformen veran-schaulicht und ein Zusammenhang zwischen dem salutogenetischen Gesundheits-ansatz, Stress und dessen Bewältigung hergestellt, sowie deren Effektivität einge-schätzt. Ergänzend wird das bewährte HEDE-Training zur Gesundheitsförderung von FRANKE und WITTE vorgestellt, um eine Möglichkeit aufzuzeigen wie Stress und schwierigen Alltagsbedingungen salutogen entgegen getreten werden kann.

Da sich diese Arbeit mit Führungskräften im Sozialen Bereich beschäftigt, wird auf die Grundlagen von Führung eingegangen. Das bedeutet, dass die Besonderheiten von Nonprofit-Organisationen erläutert und anschließend die Führungsaufgaben von Führungskräften sozialer Einrichtung aufgeführt werden. Dabei liegt der Fokus auf der Leitung von Kindertageseinrichtungen. Es wurde ein konkretes Feld der Sozialen Arbeit gewählt, um Führungsaufgaben und Herausforderungen anschaulich darzu-stellen. Wenn diese Zusammenhänge einmal greifbar veranschaulicht wurden, ist ein Transfer in andere sozialarbeiterische Tätigkeitsbereiche leichter möglich. Um an-schließend wieder die Führungskraft in den Mittelpunkt zu rücken, wird die Füh-rungsaufgabe der Selbstführung herausgegriffen und anhand vierer Dimensionen charakterisiert.

Im Anschluss soll auf Basis der vorangegangenen Kapitel erläutert werden wie sich salutogene Selbstführung von Führungskräften in Sozialberufen darstellen kann und welche Bedeutung dies für die Sozialen Arbeit birgt. Abschließend werden die Er-gebnisse zusammengefasst und Zukunftsperspektiven vorgestellt. Abbildung 1 ver-deutlicht noch einmal den Aufbau der Arbeit:

Abbildung 1 - Aufbau der Arbeit (eigene Darstellung)

In der vorliegenden Untersuchung wird bei personenbezogenen Begriffen die geschlechtsneutrale Schreibweise in Form des Unterstrichs verwendet, solange nicht zitiert wird. Dies geschieht vor dem Hintergrund, dass Sprache ein sehr machtvolles Mittel ist, um daraus entstehende Interpretationen von Wirklichkeit zu beeinflussen. Der Unterstrich, auch *„gender gap"* genannt, betont die Ablehnung der Geschlechterdualität und lässt Platz für Personen, die sich nicht ausschließlich einer Kategorie von männlich oder weiblich zuordnen können oder wollen.

2 Was ist Gesundheit?

2.1 Heranführung an den Begriff Gesundheit

> *„Hauptsache gesund!' sagen schwangere Frauen, wenn sie gefragt wer-*
> *den, ob ihr Kind ein Mädchen oder Junge würde. ‚Hauptsache gesund!'*
> *sagen Rentner, die sich auf der Parkbank nach einem längeren Gespräch*
> *verabschieden. [...] Im Namen der Gesundheit essen Kinder Spinat, jog-*
> *gen Manager vor Bürobeginn durch den Park, [und] vergrößern Pharma-*
> *konzerne ihren Umsatz."* (FRANKE 2012, 35)

Im Bereich Erwerbsarbeit wird das Thema Gesundheit immer aktueller. Die Arbeits-
und Lebensbedingungen haben sich im letzten Jahrhundert gravierend verändert und
es tauchen vermehrt neue, insbesondere psychische, Erkrankungen auf (vgl. KALUZA
2011, 4). Deswegen ist es für jede Person wichtig, speziell aber für solche mit Führungsverantwortung, eine Grundvorstellung zu bekommen, was alles zu Gesundheit
im Allgemeinen und zu ihrer persönlichen Gesundheit im Speziellen gehört.

Die Frage nach dem Wesen und der Bedeutung von Gesundheit stellen sich die
Menschen bereits seit Hunderten von Jahren, wodurch das Spektrum sehr umfangreich geworden ist. Da bisher keine einheitliche Definition für den Begriff Gesundheit
gefunden werden konnte (vgl. ebd., 36), sollen im Folgenden einige gesundheitliche
Auffassungen aufgeführt werden. Dabei geht es nicht um richtig oder falsch. Vielmehr soll die Bandbreite der Dimensionen von Gesundheit verdeutlicht werden:

> „Gesundheit ist ein Zustand des vollständigen körperlichen, geistigen und
> sozialen Wohlergehens und nicht nur das Fehlen von Krankheit oder Ge-
> brechen."[1] (WHO 1946, 1)

> „Gesundheit ist für mich eine Fähigkeit zur Problemlösung und Gefühlsre-
> gulierung, durch die ein positives Selbstbild, ein positives seelisches und
> körperliches Befinden erhalten oder wiederhergestellt wird" (BADURA 1993,
> S. 24 f.).

> „Gesundheit ist das Stadium des Gleichgewichts von Risikofaktoren und
> Schutzfaktoren, das eintritt, wenn einem Menschen eine Bewältigung so-
> wohl der inneren (körperlich und psychisch) als auch äußeren (sozialen
> und materiellen) Anforderungen gelingt. Gesundheit ist ein Stadium, das
> einem Menschen Wohlbefinden und Lebensfreude vermittelt." (HURREL-
> MANN 2006, 146)

---

[1] „Health is a state of complete physical, mental and social well-being and not merely the absence of
disease or infirmity." (WHO 2006, 1)

Diese Beispiele decken die Bereiche des körperlichen, geistigen und seelischen Wohlergehens ab, sowie die Fähigkeit flexibel auf schwierige intrapersonelle und umweltbedingte Situationen reagieren zu können. Überdies umfassen sie auch die Befähigung Gefühle regulieren zu können, sowie Selbstbewusstsein und Lebensfreunde zu verspüren. Da die Bandbreite dieser Gebiete zu umfangreich sind, um sie hier vertiefend bearbeiten zu können, liegt der Fokus dieser Arbeit auf der psychischen Gesundheit. Diese Entscheidung entspringt der Tatsache, dass psychische Erkrankungen immer bedeutsamer werden. Allein in den letzten 15 Jahren hat sich die Zahl der Krankschreibungen auf Grund psychischer Erkrankungen verdoppelt. Dies ist besonders brisant, weil eine Genesung, z. B. in Fällen von Depression, Sucht oder Burnout, vergleichsweise lange dauert (vgl. DGFP 2011b, 4). Um dem vorzubeugen, wird im Folgenden erläutert was wichtig ist, um gesund zu bleiben. Dafür werden kurz Modelle zur Gesundheitsförderung beschrieben, bevor ausführlich auf das Modell der Salutogenese eingegangen wird.

BECKER analysierte 1982 gegenwärtige Theorien seelischer Gesundheit[2] und stieß dabei auf drei grundsätzlich unterschiedliche Modelle, welche nun kurz vorgestellt werden:

Im **Regulationskompetenzmodell** zeichnet sich eine seelisch gesunde Person durch Anpassungsfähigkeit, Widerstandsfähigkeit gegen Stress, inneres Gleichgewicht und Kontakt zur Realität aus. Das Individuum besitzt folglich Kompetenzen, die es dazu befähigen ein inneres und äußeres Gleichgewicht (wieder-)herzustellen (vgl. KALUZA 2011, 7).

Beim **Selbstaktualisierungsmodell** ist die Unabhängigkeit ausschlaggebend. Seelisch gesunde Menschen entwickeln sich frei und entfalten ihre Anlagen und Potenziale. Von außen aufgezwungene Werte übernehmen sie nicht kritiklos. Ferner besitzen sie Selbstachtung, Selbstvertrauen, Selbstverantwortlichkeit für sich und andere und erreichen die Stufe autonomer Moral[3] (vgl. ebd.).

Nach dem **Sinnfindungsmodell** entsteht psychische Gesundheit bei einer Person, indem sie dem Leben auch in existenziell bedrohenden Lebenssituationen einen

---

[2] „Seelische Gesundheit ist die Fähigkeit zur Bewältigung externer und interner Anforderungen" (BECKER 1995, 188).
[3] Autonome Moral ist die höchste Stufe im mehrteiligen Entwicklungsmodell zur moralischen Entwicklung nach PIAGET. Kinder realisieren, dass Regeln das Ergebnis sozialer Interaktion und damit veränderbar sind. Die Absicht der handelnden Person wird berücksichtigt und Beurteilungen werden von Autoritäten unabhängig (vgl. PINQUART et al. 2011, 224f.).

Sinn abgewinnen kann, sowie ihr Handeln nach persönlich definierten und als sinnvoll erachteten Normen und Werten gestaltet (vgl. ebd.).

Die drei Modelle unterstreichen verschiedene Schwerpunkte eines gesunden Menschen, die sich aber nicht gegenseitig ausschließen. Überdies stellt BECKER zwei modellübergreifende Gemeinsamkeiten heraus: die Produktivität und die Liebesfähigkeit (zurückgehend auf FREUD). Die beschriebenen Ansichten zeigen, dass es unterschiedliche Formen von Gesundheit gibt, die auf verschiedenen Wegen erreicht werden können - ebenso wie sich Krankheit in verschieden Arten von Krankheiten ausdrückt.[4] Hinzu kommt, dass persönliche Gesundheitsressourcen für jeden Menschen unterschiedliche Bedeutungen haben können und sich diese im Lauf des Lebens verändern. So sind für junge Menschen die Entwicklung von Autonomie und die Selbstverwirklichung sehr wichtig, wohingegen im Alter die Sinnfindung und Transzendenz mehr Relevanz gewinnen (vgl. KALUZA 2011, 8).

Diese beschriebenen Modelle geben einen guten Überblick darüber, was Gesundheit sein kann, doch sie bilden noch keine Gesundheitstheorie. Um diese Verbindung zu schaffen, soll im Folgenden das Modell der Salutogenese vorgestellt werden, da „das von ANTONOVSKY entwickelte Modell der Salutogenese, […] am ehesten den Anspruch einer Theorie erfüllt und auch unter empirischen Gesichtspunkten das am weitesten entwickelte Modell ist." (FRANKE 2012, 169)

2.2 Das Konzept der Salutogenese nach ANTONOVSKY

Der 1923 in New York (USA) geborene AARON ANTONOVSKY entwickelte großes Interesse an der Medizinsoziologie und Stressforschung. Er erwarb einen M.A. und Ph.D. an der Yale-Universität und emigrierte nach jahrelanger Lehrtätigkeit (Brooklyn-College, University Teheran) im Jahr 1960 mit seiner Frau nach Israel. Dort arbeitete er im Medizinsoziologischen Institut für angewandte Sozialforschung in Jerusalem. 1994 verstarb er in Beer-Sheba (Israel; vgl. FRANKE 1997, 13).

---

[4] In diesem Zusammenhang stellt KALUZA die sehr interessante Frage, warum wir immer von einer Gesundheit aber von vielen Krankheiten reden (vgl. KALUZA 2011, 8). Diese möchte ich zum Nachdenken an die Leser_innen weitergeben, da sie in dieser Arbeit nicht ausreichend bearbeitet werden kann.

Bei einer Untersuchung zu den Auswirkungen der Wechseljahre bei Frauen unterschiedlicher ethnischer Gruppen in Israel trug sich für ANTONOVSKY ein maßgebliches
Ereignis zu: Eine Gruppe der untersuchten Frauen waren Überlebende von Konzentra-
tionslagern. Es stellte sich heraus, dass sich 29% dieser Gruppe in einem guten psychischen Gesundheitszustand befanden (in der Kontrollgruppe waren es 51%; vgl.
ANTONOVSKY 1997, 15). ANTONOVSKY bewegte die Tatsache „[d]en absoluten Horror
des Lagers durchgestanden zu haben, anschließend jahrelang eine deplatzierte Person gewesen zu sein und sich dann ein neues Leben in einem Land neu aufgebaut zu
haben, das drei Kriege erlebte... und dennoch in einem angemessenen Gesundheitszustand zu sein!" (ebd.) Aus dieser dramatischen Erfahrung heraus forschte ANTONO-
VSKY nach protektiven Faktoren, auf die bei der Bewältigung von Belastungen zurückgegriffen werden kann, und durch welche Gesundheit trotz dramatischer Schicksale
erhalten oder sogar gefördert werden kann (vgl. KALUZA 2011, 40).

Auf Grund langsam steigender Popularität seines Modells wurde sein berühmtestes
Werk erst zehn Jahre nach dem ursprünglichen Erscheinen im Jahr 1987 von FRANKE
für den deutschen Sprachraum übersetzt.

2.2.1 Salutogenese

Zur Salutogenese gibt es weder von ANTONOVSKY, noch von anderen Autoren eine
einheitliche Definition. MÜHLUM und GÖDECKER-GEENEN sagen: „Anstatt nach den Ursachen von Krankheit zu suchen, forscht die Salutogenese nach den Kräften und
Wirkungen die Menschen gesunderhalten" (2003, 104). DUDEN formuliert es als die
„Gesamtheit gesundheitsfördernder und -erhaltender Faktoren" (BIBLIOGRAPHISCHES
INSTITUT 2013f). Einigkeit besteht dagegen über die Wortherkunft. Es setzt sich aus
dem lateinischen Wort „Salus" für Gesundheit und dem griechischen Wort „Genese"
für Entstehung oder Entwicklung zusammen. Es bedeutet demnach wörtlich übersetzt die „Entstehung von Gesundheit" (vgl. BIBLIOGRAPHISCHES INSTITUT 2013e; HER-
ZOG 2007, 35). Im Gegensatz zur Pathogenese, die erforscht warum Menschen krank
werden, versucht die salutogenetische Orientierung das Geheimnis zu entschlüsseln
warum Menschen gesund sind, bleiben oder werden (vgl. ANTONOVSKY 1997, 15f.).

2.2.2 Sense of Coherence bzw. Kohärenzgefühl

Der *Sense of Coherence* (SOC) ist das zentrale Konstrukt in ANTONOVSKYs Modell und ist gleichzeitig sein Antwort auf die salutogenetische Frage. Die deutsche Übersetzung gestaltet sich allerdings schwierig. Es wurden Varianten wie Kohärenzgefühl, Kohärenzsinn, Kohärenzerleben und Kohärenzempfinden diskutiert, wobei die Mehrzahl das Kohärenzgefühl präferierte, welches auch in der Fachliteratur angewandt wird (vgl. FRANKE 1997, 12). Nach Meinung der Autorin bringt keines der Übersetzungsangebote das Wort „*Sense*" (engl.: Sinn, Bedeutung, Gespür, Verstand; vgl. HEMETSBERGER 2014c) richtig zum Ausdruck; da das Kohärenzgefühl aber Verwendung findet, werden in dieser Arbeit das SOC und das Kohärenzgefühl synonym verwendet.

Das SOC-Konstrukt ist in Stresssituationen relevant. Bei einem ausgeprägten Kohärenzgefühl verfügt die Person über eine **globale Orientierung**, die ein „durchdringendes, andauerndes, und dennoch dynamisches Gefühl des Vertrauens" (ANTONOVSKY 1997, 36) mit sich bringt. Es wird darauf vertraut, dass innere und äußere Stimuli strukturierbar, vorhersehbar und erklärbar sind, und dass ausreichend Ressourcen zur Verfügung stehen, um den Anforderungen zu begegnen. Diese Anforderungen sind als Herausforderungen zu sehen, die die Anstrengungen lohnen (vgl. ebd.).

Abbildung 2 zeigt die drei **Dimensionen des Kohärenzgefühls,** aus denen es sich zusammensetzt. Anschließend werden diese erläutert, um zu verdeutlichen wie eine Person ein stark oder schwach ausgeprägtes SOC entwickelt:

Abbildung 2 - Dimensionen des Kohärenzgefühls
(eigene Darstellung in Anlehnung an SAKRIS 2014, 10)

Das Modell der Salutogenese ist kognitiv konzipiert. Deswegen ist die erste Komponente des SOC die **Verstehbarkeit**. Hier findet sich das Ausmaß, in dem interne und externe Reize als kognitiv sinnvoll betrachtet werden. Diese können als Information (konsistent und klar) oder Rauschen (chaotisch und willkürlich) empfunden werden. Entscheidend ist, ob die Person ein überraschendes Ereignis einsortieren, sich erklären und die daraus resultierenden Folgen überblicken kann. Dies hat allerdings nichts mit Erwünschtheit zu tun, wie bei Krieg, Tod oder Versagen. Wichtig ist die individuelle Erklärbarkeit (vgl. ANTONOVSKY 1997, 34).

In der zweiten Dimension wird die **Handhabbarkeit** beschrieben. Das bedeutet inwieweit die Verfügbarkeit von Ressourcen zur Bewältigung der konfrontierenden Stimuli wahrgenommen wird. Die zur Verfügung stehenden Ressourcen können die eigene Kontrolle oder die Kontrolle durch Vertrauenspersonen (z. B. Partner_in, Kolleg_in, Gott) umfassen. Durch ein hohes Maß an Handhabbarkeit wird seltener ein Gefühl von ungerechter Behandlung im Leben bzw. dem Gefühl einer Opferrolle erzeugt (vgl. ebd., 35).

Der dritte Aspekt zur Ausbildung eines starken Kohärenzgefühls ist gleichzeitig auch das motivationale Element – die **Bedeutsamkeit** oder auch **Sinnhaftigkeit**. Hier ist es wichtig in den Prozessen um das eigene Schicksal und die alltägliche Erfahrung involviert zu sein. Die Vorgänge müssen als gewichtig genug betrachtet werden, um „emotional in sie zu investieren und sich [...] engagieren" (ANTONOVSKY 1997, 35) zu wollen, so dass sie eine willkommene Anregung und keine Last darstellen. Eine hohe Bedeutsamkeit bezieht sich jedoch nicht auf Glück, da dies auch für den Tod Nahestehender, einer schweren Operation oder Kündigung gelten kann. Hier gilt es die Herausforderung anzunehmen und das Möglichste zu tun, um die Situation würdevoll zu überstehen (vgl. ebd., 35f.).

Menschen mit einem stark ausgeprägten Kohärenzgefühl werden Irritationen häufig nicht als Stressoren identifizieren, sondern als irrelevant oder sogar günstig. In das entstehende Chaos bringen sie Ordnung und können durch diese Klarheit flexibel Handlungsstrategien einsetzen, um sich der Herausforderung zu stellen. Diese Personen sind offen für Rückmeldungen, Zwischenbewertungen und Neuorientierungen. Bei einem niedrigen SOC gehen Personen davon aus, dass ein Chaos unvermeidlich ist, weswegen sie von vornherein aufgeben dem Stressor einen Sinn abzugewinnen. Je niedriger das Kohärenzgefühl ist, desto starrer fallen die Reaktionen aus (vgl. ebd., 132, 184).

2.2.3 Generalisierende Widerstandsressourcen

Um schwierige Situationen zu bewältigen, verfügt jeder Mensch über **Generalisierende Widerstandsressourcen** (GWR, *generalized resistance ressources (GRR)*). Sie beeinflussen wie sehr Menschen einer Dauerbelastung mit Stress gewachsen sind – ob sie mit ihm erfolgreich umgehen oder ihn vermeiden können. Wenn beispielsweise eine Mitarbeiterin ihrem Chef, der sie ständig zu Überstunden verpflichten will, freundlich und nachdrücklich zu verstehen geben kann, dass sie in Notzeiten gern länger bleibt, aber sonst auf die Einhaltung der Arbeitszeiten besteht, kann sie sich durch ihre psychische Ressource vor Überarbeitung und Ausbeutung schützen. Individuelle Widerstandsressourcen können durch Selbstbewusstsein und Optimismus auch psychisch begründet sein. Daneben kann auch ein gesunder und fitter Körper helfen Stressoren Stand zu halten und birgt damit physiologische Ressourcen. Zusätzlich können ökonomische und materielle Ressourcen in Form von Geld, einem sicheren Arbeitsplatz oder der Möglichkeit professioneller Unterstützung die Bewältigung schwieriger Situationen erleichtern (vgl. ANTONOVSKY 1997, 16, 36; FRANKE 2012, 174; KALUZA 2011, 45). In Abbildung 3 werden generalisierende Widerstandsressourcen aufgeführt und anhand von Beispielen veranschaulicht:

Widerstandsressourcen	Beispiel
Individuelle Widerstandsressourcen	
• Kognitive Ressourcen	Intelligenz, präventive Gesundheitsorientierung, Problemlösefähigkeit, Wissen
• Psychische Ressourcen	Ich-Stärke, Selbstsicherheit, Selbstvertrauen, Optimismus, Gelassenheit
• Physiologische Ressourcen	Anlagebedingte oder erworbene körperliche Stärken und Fähigkeiten, kräftige Konstitution
• ökonomische und materielle Ressourcen	Geld, finanzielle Unabhängigkeit und Sicherheit, sicherer Arbeitsplatz, Zugang zu Dienstleistungen
Gesellschaftliche Widerstandsressourcen	Frieden, funktionierende gesellschaftliche Netze, intakte Sozialstrukturen, kulturelle, ökonomische und politische Stabilität

**Abbildung 3 - Generalisierende Widerstandsressourcen
(GWR; eigene Darstellung in Anlehnung an FRANKE 2012, 173; KALUZA 2011, 45)**

GWR sind dabei sowohl internal als auch external. Überdies haben gesellschaftliche Faktoren, wie sozialer Rückhalt, Frieden und gesellschaftliche Stabilität, Einfluss auf ein erfolgreiches Bewältigungsverhalten (vgl. ebd.).

Damit erleichtern es Widerstandsressourcen den Stressoren einen Sinn zu geben, da sie dadurch verstehbar und vorhersagbar werden. Wiederholt erlebte GWR bringen allmählich ein starkes Kohärenzgefühl hervor (vgl. ANTONOVSKY 1997, 16, 36).

2.2.4 Heterostase und Gesundheits-Krankheits-Kontinuum

ANTONOVSKY geht von zwei Grundgedanken aus: Zum einen, dass Krankheit eine normale Erscheinung des Lebens ist und keine Abweichung von der Normalität. Dies bezeichnet er als **Heterostase**. Zum anderen nimmt er an, dass Gesundheit und Krankheit entgegengesetzte Pole in einem gemeinsamen **Kontinuum** sind (vgl. ANTONOVSKY 1997, 29; FRANKE 2012, 171; s. Abbildung 4). Um herauszufinden an welcher Position man sich dort befindet, bzw. wie stark das eigene Kohärenzgefühl ausgebildet ist, hat ANTONOVSKY einen Fragebogen (vgl. 1997, 191ff.) mit 29 Fragen entwickelt.

In Abbildung 4 ist das Gesundheits-Krankheits-Kontinuum zu erkennen:

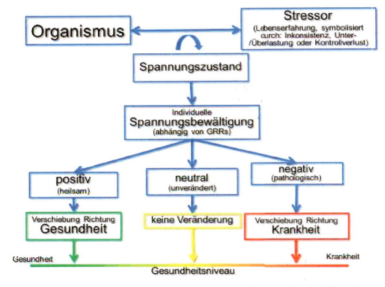

Abbildung 4 - Bedingungen des Gesundheitsniveaus (SAKRIS 2014, 7)

Dabei wird deutlich, dass eine Person, die sich in einer schwierigen Situation befindet, einen Zustand der Anspannung erreicht. Um diesen abzubauen, muss zunächst die schwierige Situation bewältigt werden. Dies ist abhängig von den generalisierenden Widerstandsressourcen, über welche die Person verfügt. Reichen sie aus, um erfolgreich mit dem Stressor umzugehen, bewegt sich die Person auf dem Kontinuum in Richtung des Gesundheitspols. Wenn die Bemühungen die Situation weder verbessern, noch verschlechtern, wird sich auch die Position nicht verändern. Genügen allerdings die aufgebrachten Ressourcen nicht, bewegt sich die Person auf den Krankheitspol zu.

Dennoch kann durch Kenntnis des SOC-Niveaus das Verhalten in stresshaften Situationen nicht vorhergesagt werden, weil jeder Mensch die Verhältnisse unterschiedlich einschätzt. Nichtsdestotrotz lässt sich die Qualität der Handlung bestimmen, z. B. ob sich die Person auf die Suche nach geeigneten GWR macht, Struktur schafft und die Herausforderung annimmt oder nicht (vgl. ebd., 166).

Gleichwohl zeigt ANTONOVSKY Möglichkeiten auf, wie professionell Helfende Einfluss auf das SOC ausüben können (vgl. ANTONOVSKY 1997, 118). Überraschende schreckliche Nachrichten an sich sind nicht niederschmetternd, sondern deren Folgen. Es entsteht ein temporärer Schaden. Dementsprechend können Fachkräfte Begegnungen mit Klient_innen so strukturieren, dass kein Schaden entsteht oder es sich zumindest nicht negativ auf das Kohärenzgefühl auswirkt. Weiterhin kann das Treffen so gestaltet werden, dass ein kleiner SOC-Gewinn erlebt wird, z. B. eine Bedeutung verständlich zu machen oder zu helfen Belastungen auszugleichen. Besonders Menschen, für die man professionell verantwortlich ist, kann man „das Rüstzeug in die Hand geben" (ANTONOVSKY 1997, 119) um „SOC-verbessernde-Erfahrungen" (ebd.) aufzuspüren (vgl. ebd.).

2.2.5 Metapher vom Fluss

Ferner nutzt ANTONOVSKY ein **Flussgleichnis**, um das Modell bildhaft darzustellen. Man stelle sich das Leben symbolisch als Fluss vor. Jeder Mensch wird hineingeboren und für alle geht der Fluss irgendwann zu Ende. Gleichzeitig kann niemand den Fluss verlassen und einfach am Rand stehen bleiben. Der Wasserlauf ist sowohl im wörtlichen als auch übertragenen Sinne verschmutzt und an Gabelungen kann es zu leichten Strömungen, Stromschnellen oder Strudeln kommen (vgl. ANTONOVSKY 1997, 92). Dabei schwimmen wir nicht alle im selben Fluss. „Das Wesen der Flüsse, in denen sich Menschen unterschiedlicher Kulturen und Sozialschichten, Männer oder Frauen befinden ist unterschiedlich." (FRANKE 2012, 172) Die Gefahren mögen sich unterschieden, doch jeder wird von der Strömung fortgetragen und niemand ist am sicheren Ufer (vgl. ebd.).

Die Bedingungen des Flusses und individuelle Schwimmfertigkeiten entsprechen den GWR. Es kommt auf die Art zu schwimmen an (= Kohärenzgefühl), ob die Wasseroberfläche über dem Kopf eines Menschen zusammenschlägt oder die Person flexibel auf die Wasserverwirbelungen reagieren kann (vgl. FRANKE 1997, 190; 2012, 173). Doch "[w]ie wird man [...] ein guter Schwimmer" (ebd.), unabhängig davon wo „man sich in dem Fluss befindet, dessen Natur von historischen, soziokulturelle und physikalischen Umweltbedingungen bestimmt wird" (FRANKE 1997, 190)? Dies wird im Methodenbeispiel (Kapitel 4.7., S. 66) aufgeklärt, in welchem das HEDE[5]-Training zur Bewältigung von schwierigen Situationen und zur Gesundheitsförderung vorgestellt wird.

2.3 Ressourcenorientierte Erweiterung des Salutogenesemodells nach WELBRINK UND FRANKE

ANTONOVSKY fokussiert die Bewältigung von stresshaften Anforderungen. Dabei vernachlässigt er Faktoren, die direkt die Gesundheit fördern, wie Liebe, Fantasie oder Spiel. Er erwähnt diese, doch die genaue Bedeutung und der Zusammenhang mit Gesundheit bleiben ungeklärt. Die drei Dimensionen des Kohärenzgefühls betreffen ausschließlich die individuelle Reaktion auf einen Stressor. Die Reaktivität geht sowohl auf die Wurzeln in der Stressforschung zurück, als auch auf den Grundgedanken der Heterostase. Auf die Menschen strömen tagtäglich Maßen von Einflüssen ein, die sie strategisch bewältigen müssen, um handlungsfähig zu bleiben. Um diese Bewältigung bestmöglich zu gestalten, benötigen diese Personen genügend Ressourcen, die ANTONOVSKY nicht ohne Grund Widerstandsressourcen genannt hat. Allerdings bleiben dabei persönliche und soziale Ressourcen, die nicht im direkten Zusammenhang mit aktiver Bewältigung stehen, außen vor. Dazu zählen beispielsweise die „Fähigkeit, ein positives Lebensgefühl und Wohlbefinden herzustellen, Zielgerichtetheit, Selbstaktualisierungstendenz, Motivation zum Lernen und zur Weiterentwicklung" (FRANKE 2012, 180). Damit ist das Modell zwar salutogenetisch, aber stress- und anforderungsorientiert. Personen können sich lediglich durch erfolgreiche Bewältigung zum Gesund-

---

[5] Der Name ist ein Wortspiel aus den Polen des Gesundheits-Krankheits-Kontinuums Health-Ease und Dis-Ease (vgl. FRANKE, WITTE 2009, 7)

heitspol des Kontinuums bewegen. Andere gesundheitsförderliche Faktoren sind konzeptionell nicht von Belang. Da ein „Weniger" an Stress und Risikofaktoren jedoch nicht unbedingt ein „Mehr" an Gesundheit bedeutet, gehen WELBRINK und FRANKE davon aus, dass **Stressbewältigung** nur ein Teil erfolgreicher Anpassung ist. Sie setzen sich für eine Untersuchung ergänzender Faktoren ein, die direkt zu mehr Gesundheit führen. Dazu gehören Emotionen, Kognitionen und Verhaltensweisen, die aktiv und **unmittelbar zur Gesundheit und zur Adaption beitragen** und als „Puffer gegen Stress und Belastungen" (ebd., 181) wirken. Dazu erforschten sie „euthymes Erleben und Verhalten, also die Fähigkeit zu genießen und sich etwas Gutes zu tun, als gesundheitsfördernde Ressource" (ebd.). Diese Faktoren werden als Unterstützungsressourcen bezeichnet. Beispiele können die Fähigkeit zu verzeihen und Wohlbefinden herzustellen, Motivation zur Weiterentwicklung, Humor, Optimismus sowie Genuss- und Liebesfähigkeit sein (vgl. ebd., 180f.; FRANKE, WITTE 2009, 74).

Die Ergebnisse stammen von zwei Forschungsprojekten, bei denen das Konsumverhalten von Alkohol und Medikamenten bei Frauen untersucht wurden. Frauen mit unauffälligem Alkoholkonsum und alkoholabhängige Frauen unterschieden sich bei ihrer Konsummotivation deutlich: Letztere nutzten Alkohol zur Verringerung negativer Gefühle und Bewältigung belastender Situationen, wohingegen Frauen mit unauffälligem Konsumverhalten eher Alkohol verzehren, um angenehme Situationen noch zu verstärken. Dadurch wurde bestätigt, dass Ressourcen umfangreicher konzipiert werden müssen, als es bisher bei ANTONOVSKY der Fall war (vgl. FRANKE 2012, 181).

Abbildung 5 stellt die Erweiterung des Salutogenese-Modells grafisch dar. Der linke Strang entspricht ANTONOVSKYs Annahmen, indem wiederholt erlebte GWR allmählich ein starkes Kohärenzgefühl hervorbringen, das wiederum ein umfangreiches Repertoire an Bewältigungsstrategien entstehen lässt, sowie die Fähigkeit diese situationsgerecht richtig einzusetzen. Dadurch entsteht ein optimales Bewältigungshandeln. Doch wenn zusätzlich motivations- und zufriedenheitssteigernde Faktoren beachtet werden (rechter Strang), können Emotionen, Kognitionen und Verhaltensweisen entstehen, die eine direkte gesundheitsfördernde Wirkung haben. Damit können vorhandene Bewältigungsstrategien besser genutzt, ergänzt oder neue aufgebaut werden sowie daraus folgend das Erleben und Verhalten ressourcenfördernd gestaltet werden. Durch die Kombination dieser Stränge ist eine umfangreiche Nutzung gesundheitsförderlicher Faktoren möglich.

Um die Modellerweiterung nochmal in der Flussmetapher aufzugreifen: Der Fluss, in dem sich jeder Menschen von der Geburt bis zum Tod befindet, besitzt schwer zu bewältigende Abschnitte (z. B. Stromschnellen, gefährliche Wasserwesen), an denen er auf seine Bewältigungsfähigkeiten zurückgreifen

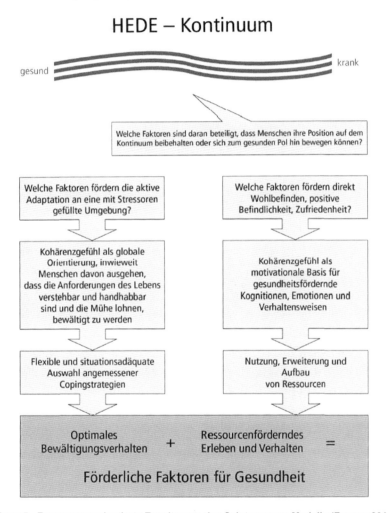

Abbildung 5 - Ressourcenorientierte Erweiterung des Salutogenese-Modells (FRANKE 2012, 182)

muss. Doch es gibt auch erholsame Abschnitte, an denen kaum Strömung ist, man die Blumen am Ufer betrachten, einen Baum als Floß benutzen oder mit anderen Schwimmenden Spaß haben kann. Dort muss nicht um das Überle- ben gekämpft werden und Bewältigungsressourcen können wieder aufgefrischt werden. Dadurch werden sowohl das Gefühl der Belastungsbalance, als auch die Handhabbarkeit, die Lebensfreunde und Lebensqualität gesteigert, weil es einfach Spaß macht. Aufgrund des sich immer wieder verändernden Flussverlaufs, ist es „wichtig zu erkennen, wann es zu kämpfen gilt und wann Erholen und Genießen im Vordergrund stehen, da für die unterschiedlichen Phasen unterschiedliche Fähigkeiten notwendig sind." (FRANKE 2012, 183) Für eine gelungene Anpassung an die Umwelt ist das Geschick diese Phasen voneinander zu unterschieden entscheidend.

2.4 Zusammenfassung des Kapitels „Was ist Gesundheit?" und Schlussfolgerungen

Gesundheit ist kein leicht zu fassender Begriff, weil er viele Lebensbereiche umfasst. Doch es konnte aufgedeckt werden, dass es verschiedene Formen von Gesundheit gibt. Dadurch ist Gesundheit auf unterschiedliche Art und Weise erreichbar und ver- schiedene Aspekte können im Leben in ihrer Bedeutsamkeit variieren. Infolge der individuell unterschiedlichen Priorisierung von Mensch zu Mensch ist es wichtig, dass jede Person, die ein Interesse an der Stärkung oder Verbesserung der eigenen Ge- sundheit hat, sich fragt, welche Bedeutung Gesundheit für sie hat.

Für ANTONOVSKY hatte beispielsweise die psychische Gesundheit einen großen Stellen- wert und wie ein Mensch den Belastungen im Leben trotzen kann. In seinem Modell der Salutogenese ist das Kernelement und die Antwort auf die salutogene Frage das Kohä- renzgefühl. Es kombiniert anhand dreier überschaubarer Kategorien (Verstehbarkeit, Handhabbarkeit und Bedeutsamkeit) eine Vielzahl gesundheitsfördernder Faktoren. Damit gelingt es ihm, ein sehr komplexes Modell vergleichsweise einfach zu veran- schaulichen. Natürlich ist die Realität wesentlich komplexer und damit die Anwendung anspruchsvoller, doch macht diese Klarheit die Genialität des Modells aus.

Das Salutogenese-Modell überwindet die wesentlichen Beschränkungen des biome- dizinischen Modells und begreift Gesundheit und Krankheit nicht mehr als Gegensät- ze sondern als Pole innerhalb eines Kontinuums (vgl. FRANKE 2012, 184). Dadurch werden für die Förderung von Gesundheit neue Perspektiven ermöglicht. Der Perspektivenwechsel von Prävention als Krankheitsverhinderung hin zu Prävention als Stärkung von individuellen und gesellschaftlichen Ressourcen bildet eine Basis für die Gesundheitsförderung (vgl. ebd.). Es kann nun die Frage bearbeitet werden, wie „Flussläufe so zu gestalten [sind], dass auch schlechten Schwimmern ein sie nicht überforderndes Vorwärtskommen ermöglicht wird, und [es] auf der anderen Seite natürlich darum geht, die je individuellen Fähigkeiten zum Schwimmen zu optimieren." (FRANKE 1997, 190)

ANTONOVSKY bezieht bei Stichproben sowie konzeptionellen Überlegungen Frauen und Männern mit ein, wodurch eine allgemeine Gültigkeit für fast jede Person induktiv möglich ist (vgl. FRANKE 1997, 190). Ergänzend dazu schließt das Salutogenese-Modell auch die „anderen" Menschen mit ein, auf die man sich verlassen kann. Damit würdigt es den sozialen Wert dieser Ressource und stellt eine stressreduzierende Variable dar (vgl. FRANKE 2012, 184f.).

Des Weiteren bezieht ANTONOVSKY in seinen Überlegungen den Tod als Bestandteil des Lebens mit ein, der bei vielen anderen Konzepten, z. B. der Pathogenese, ausgespart wird (vgl. FRANKE 1997, 190). „Sterben ist Bestandteil des Lebens, und bis zum Tod ist irgendetwas in uns noch gesund" (FRANKE 2012, 185).

Das Modell der Salutogenese vereint eine individuelle und gesellschaftliche Perspektive. Jeder Mensch befindet sich im Fluss des Lebens, auch wenn dieser kulturell verschieden beschaffen sein kann, und muss selbst Hindernissen auf seinem Weg ausweichen. Doch dazu kann er sowohl auf individuelle als auch auf gesellschaftliche Ressourcen zurückgreifen. Überdies kann dieser Fluss durch Politik und Gesellschaft gestaltet und verändert werden, um den Menschen das Überstehen von Stromschnellen zu erleichtern. Diese Kombination, zusammen mit fundierten wissenschaftlichen Studien[6], macht das Salutogenese-Modell seit Ende des letztens Jahrhunderts zu einem „der interessantesten und tragfähigsten Ansätze" (FRANKE 1997, 170) zum Thema Gesundheit und kommt deswegen einer Gesundheitstheorie am nächsten.

Leider ist das Verhältnis zwischen der gesellschaftlichen und individuellen Ebene bislang nicht sehr differenziert, ebenso wie die der Interaktion (vgl. ebd.). Dabei wäre

---

[6] Ausgewählten Forschungsergebnissen im Zusammenhang im dem Salutogenese-Modell widmet sich das Kapitel 4.6 „Stressbewältigung und Salutogenese" auf Seite 61.

eine Betrachtung sowohl der Salutogenese als auch des salutogenen Leitungshandelns mit dem Schwerpunkt zwischenmenschlicher Interaktion (z. B. SCHULZ VON THUN) sehr anregend.

Ergänzend beanstanden WELBRINK und FRANKE, dass die gesundheitsfördernde Wirkung von Faktoren, die nicht direkt mit der Bewältigung in Zusammenhang stehen, vernachlässigt wird. In ihrer ressourcenorientierten Erweiterung gehen sie besonders auf Aspekte des Genusses und positiver Emotionen ein. Dadurch wird der Umfang von zur Verfügung stehenden gesundheitsförderlichen Faktoren noch erweitert. Gesundheit besteht für sie aus einer erfolgreichen Wechselbeziehung aus Bewältigung und Genuss. Folglich ist die Fähigkeit zu erkennen, wann gekämpft und wann entspannt werden sollte, von enormer Bedeutung. Obwohl eventuell überprüft werden müsste, ob die Forschungsergebnisse ebenso für Männer wie für Frauen gelten, stellt sich diese Weiterentwicklung des Salutogenese-Modells als sehr hilfreich und auch alltagstauglich dar. Besonders in einem von Leistungsdruck geprägtem Arbeitsalltag, kann es sehr angenehm sein nicht immer problemorientiert zu arbeiten, sondern auch Spaß dabei zu haben.

Doch was hat das Salutogenese-Modell mit Selbstführung zu tun? Es kann als Analyseinstrument dienen, um die eigene Berufssituation gesundheitsförderlicher zu gestalten. Es hilft zur Reflexion der eigenen Situation und Bedürfnisse: Was gefällt mir? Was belastet oder stresst mich und warum? Wie kann ich meinen Flusslauf gestalten, damit ich gut schwimmen kann? Anhand der Dimensionen des SOC kann überprüft werden an welchen Stellen es gut „fließt" oder etwas stockt. Beispielsweise kann der Arbeitsauftrag verwirrend oder die Ressourcen zur Erreichung des Arbeitsziels unklar bzw. nicht vorhanden sein. Möglicherweise erschließt sich momentan auch nicht der Sinn, warum diese Aufgabe erfüllt werden soll. Daraufhin können Arbeitsbedingungen und Lebensstil so verändert werden, dass ein gesünderer Berufsalltag erreicht wird. Solche Veränderungen könnten nicht nur Stress und Gesundheitsrisiken senken, sondern auch die Leistungsfähigkeit, Lebensfreunde und Arbeitsmotivation bzw. -zufriedenheit steigern. Langfristig kann ein gesundheitsförderlicher Arbeitsalltag die Arbeitsfähigkeit sichern und damit indirekt das Einkommen steigern, Vermögen ansammeln und im Alter lohnend für das Wohlbefinden, aber auch für Rentenleistungen, sein. Umgesetzt werden kann dies unteranderem durch

Strukturierung von Arbeit, von Entspannungszeit und von Gesprächsterminen. Wenn Struktur und Kommunikation klar sind, ist es leichter aufkommende Schwierigkeiten handzuhaben. Daneben könnten persönlichen Ziele mit den Organisationszielen abgestimmt werden, um die Bedeutsamkeit festzustellen und Zugang zur eigenen Arbeitsmotivation zu bekommen.

3 Was ist Stress?

> „Stress [gehört] mit 28% zu den am häufigsten genannten arbeits- be-
> dingten Gesundheitsproblemen [...]. 23% der Beschäftigten berichten mitt-
> lerweile über allgemeine Erschöpfung." (BUK 2005, 54)

Um nachvollziehen zu können, was Stress umfasst und wie es dazu kommt, dass er im Arbeitsalltag eine immer größere Bedeutung - auch im Bereich der Selbstführung - erlangt, soll im Folgenden erläutert werden, woher der Begriff stammt. Ferner werden wichtige Grundbegriffe wie Stressoren und Stressreaktion verdeutlicht. Anschließend wird ein besonderes Augenmerk auf das transaktionale Stressmodell nach LAZARUS gelegt, in welchem Stress als Interaktion begriffen wird. Abschließend werden ausgewählte Arbeitspsychologische Konzepte vorgestellt, um die Relevanz von Stress im Kontext von Arbeitsbedingungen hervorzuheben.

3.1 Deutung des Stressbegriffs

Für den Menschen ist Stress (engl.: Anspannung, Druck, Belastung) keine neue Erscheinung, sondern ein **uralter Überlebensmechanismus** aus einer Zeit, in der es darum ging Tiere zu jagen oder feindliche Stämme zu besiegen. Diese zentrale Aktivierungsreaktion dient zur Vorbereitung auf Kampf oder Flucht. In den letzten Jahrzehnten haben sich unsere Lebensbedingungen teilweise dramatisch weiterentwickelt, aber unser Gehirn nicht (vgl. TRILLING 2012, 16; HEMETSBERGER 2014d). „So reagiert unser Körper viel zu oft mit einer Generalmobilmachung, obwohl wir gerade nur eine E-Mail bekommen" (TRILLING 2012, 17).

In den Anfängen der Stressforschung wurde Stress als einheitliche körperliche Reaktion betrachtet. HANS SELYE (1907–1982), ein österreichisch-kanadischer Mediziner und Biochemiker, der heute als Vater der Stressforschung bekannt ist, bezeichnete **Stress** als „unspezifische Abwehrreaktionen des physiologischen Systems gegen schädliche Einflüsse" (LAZARUS, LAUNIER 1981, 222).

Bereits im Jahr 1936 untersuchte er systematisch die körperlichen Stressreaktionen in ausgiebigen Tierexperimenten und durch Beobachtungen am Menschen. Dabei entdeckte er, dass Organismen auf unterschiedliche Belastungen mit den gleichen typischen Körperveränderungen reagierten. Diese Reaktion bezeichnete er als **Allgemeines Anpassungssyndrom** (vgl. KALUZA 2011, 15; KALUZA 2014, 18f.).

Dieser ausgelöste Stress ist dabei nicht automatisch gesundheitsschädlich. SELYE bezeichnete ihn selbst als „Würze des Lebens" (KALUZA 2011, 23). In seiner Forschungsarbeit, entwickelte er 1974 die Konzepte Eustress und Distress (Abbildung 6). Dabei wird **Eustress** (griech.: *eu-* = gut) als positiver Stress beschrieben, der angenehm belebend, leistungsstimulierend und teils als motivierend erlebt wird. Dem gegenüber steht der **Distress** (griech.: *dys-* = miss-), negativer Stress, welcher unangenehm, belastend und langfristig gesundheitsschädlich wirkt. Er entsteht durch Über- oder Unterforderung (vgl. STANGL 2011a; ebd. 2011b; BIBLIOGRAPHISCHES INSTITUT 2013a; ebd. 2013b).

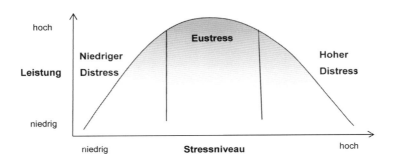

Abbildung 6 - Distress und Eustress
(eigene Darstellung in Anlehnung an GROßE BOES, KASERIC 2006, 174)

Doch wie ermittelt man das Stressniveau? Wie wird Stress ausgelöst? Die Antwort darauf heißt: Stressoren. KALUZA versteht **Stressoren** als äußere belastende Bedingungen und Situationen, die eine Stressreaktion auslösen. Diese können inhaltlich sehr verschieden sein, wie z. B. ein volles Emailpostfach, eine als ungerecht empfundene Bewertung von Vorgesetzten oder Arbeitsunterbrechungen (vgl. 2011, 13). Weitere Beispiele für häufige Stressoren sind in Abbildung 7 aufgeführt:

häufige Stressoren	Beispiel

☐ Physikalische Stressoren — Lärm, Hitze, Kälte, Nässe, Reiz-überflutung, schlechte Licht-verhältnisse

☐ Körperliche Stressoren — Behinderung, Hunger, Schmerz, langes Autofahren, Verletzung

☐ Leistungsstressoren — Fremdbestimmung, Prüfungen, qualitative und/ oder quantitative Überforderung, Versagensängste, Zeitdruck

☐ Soziale Stressoren — Isolation, Konkurrenz, Mobbing, Trennung, Verlust vertrauter Men-schen, zwischenmenschliche und Rollenkonflikte

Abbildung 7 - Übersicht häufiger Stressoren (eigene Darstellung; vgl. KALUZA 2011, 13)

In diesem Zusammenhang betonen sowohl LAZARUS als auch ANTONOVSKY, dass Stressoren nichts Schlechtes sind, das verringert werden muss, weil sie bei erfolgreicher Auflösung auch gesundheitsfördernd wirken können (vgl. ANTONOVSKY 1997, 30; BENGEL 2001, 22).

Persönliche Motive, Einstellungen und Bewertungen können zusätzlich die Stressreaktion auslösen oder verstärken und damit einen Anteil am Stressgeschehen haben. Diese **individuellen Stressverstärker** können beispielsweise in Form von Perfektionsstreben, Einzelkämpfer-Mentalität, starker Profilierungstendenz oder auch der Unfähigkeit die eigenen Grenzen zu akzeptieren sichtbar werden. In diesen Fällen wird „Stress [als] Mittel zur Flucht vor sich selbst" (KALUZA 2011, 14) genutzt, um vor unangenehmen seelischen Wirklichkeiten, die man nicht wahrhaben will, zu fliehen (vgl. ebd.). Abbildung 8 verdeutlicht den Zusammenhang von Stressoren, persönlichen Stressverstärkern und der Stressreaktion, welche KALUZA als „Stress-Ampel" bezeichnet:

Abbildung 8 - Drei Ebenen des Stressgeschehens "Stress-Ampel" (KALUZA 2011, 13)

Schätzt das Individuum eine Situation als belastend (Stressor) ein, antwortet es mit einer **Stressreaktion**, die auf verschiedenen Ebenen stattfinden kann:

Auf der <u>körperlichen Ebene</u> können Veränderungen der Aktivierung und der Energiemobilisierung festgestellt werden. Das betrifft beispielsweise die Erhöhung des Herzschlags, der Muskelspannung und der Atmung. Dieser Zustand ist für den Körper sehr erschöpfend und kann, besonders über längere Zeit, den Gesundheitszustand negativ beeinflussen (vgl. KALUZA 2011, 13).

Die <u>behaviorale Ebene</u> betrifft das „offene" Verhalten, dass für Dritte sichtbar ist, wie etwa hastiges oder ungeduldiges Verhalten beim Essen, Sprechen oder der Pausengestaltung. Gestresste Personen versuchen dieses Verhalten häufig, zu betäuben z. B. durch starkes oder unkontrolliertes Rauchen, mit Essen oder mit Schmerz-, Betäubungs- oder Aufputschmitteln. Es kann sich durch unkoordiniertes Arbeitsverhalten zeigen, wie beispielsweise viele Sachen gleichzeitig zu tun, aber durch einen schlechten Überblick, wodurch Dinge häufiger verlegt oder vergessen werden. Dies hat häufig einen konfliktreichen Umgang mit anderen Menschen zur Folge, welcher sich durch schnelles „aus der Haut fahren", gereiztes Verhalten und starken Meinungsverschiedenheiten um Kleinigkeiten zeigt (vgl. ebd., 14).

Die letzte Ebene möglicher Stressreaktionen ist die kognitiv-emotionale Ebene. Sie betrifft das intrapsychische, „verdeckte" Verhalten, das nicht für Außenstehende sichtbar ist. Damit sind stressauslösende Gedanken und Gefühle gemeint und bezieht sich sowohl auf Gefühle innerer Unruhe, Nervosität, Unzufriedenheit, Angst und Hilflosigkeit, als auch Selbstvorwürfe, grüblerische Gedanken und Leere im Kopf („Black Out"; vgl. ebd.).

Diese drei Arten von Stressreaktion beeinflussen sich gegenseitig und können sich dadurch verstärken, verlängern oder (positiv) dämpfen. Wenn beispielsweise die emotionale Stressreaktion durch klärende Gespräche sinkt, verringert sich ebenfalls die körperliche Erregung. Andersherum können Entspannungsübungen die körperliche Stressreaktion reduzieren und einen Abfall der kognitiven und emotionalen Belastung mit sich ziehen (vgl. KALUZA 2011, 14).

3.2 Transaktionales Stressmodell nach LAZARUS

Ebenso wie das Modell der Salutogenese ist das Stressmodell nach LAZARUS kognitiv konzipiert und basiert auf Stressoren und Ressourcen. Beide versuchen zu ergründen wie Belastungen bewältigt werden können. Allerdings liegt bei LAZARUS der Schwerpunkt weniger auf der Gesunderhaltung, als auf der Bewältigung mittels individueller Bewertung.

RICHARD S. LAZARUS wurde 1922 New York (USA) geboren. Nach seinem Collegeabschluss begann er 1942 ein Abendstudium in Psychologie, wurde aber schon ein Jahr später vom Militär eingezogen. Dort erhielt er bald (ohne entsprechende Ausbildung) eine Beförderung zum Militärpsychologen. Nach seiner Entlassung aus dem Militärdienst, zum Ende des Zweiten Weltkrieges, nahm er sein Psychologiestudium wieder auf. Bereits 1947 er war Assistenzprofessor an der Johns-Hoplins-Universität (Baltimore), wurde 1953 Leiter des Ausbildungsprogramms klinischer Psychologie an der Clark-Universität (Worcester, Massachusetts) und erhielt 1957 den Ruf zum Professor an der University of California (Berkeley). Dort lehrte er bis zu seiner Emeritierung 1991. Im Jahr 2002 verstarb er in Kalifornien (vgl. FRANKE 2012, 117).

Der Bewältigungsprozess in LAZARUS' Modell umfasst drei Grundauffassungen: Stress als Interaktion, kognitive Bewertung (*Appraisal*) und Bewältigung (*Coping*; vgl. FRANKE 2012, 118). Diese werden im Folgenden vorgestellt.

3.2.1 Stress als Interaktion

Im Gegensatz zu SELYE, für den Stressreaktionen auf Gemeinsamkeiten beruhten, war LAZARUS der Meinung, dass verschieden Menschen gleiche Stressoren in gleichen Situationen sehr unterschiedlich verarbeiten (vgl. FRANKE 2012, 117).

> „Was den einen auf die Palme bringt, lässt den anderen kalt. Wo der eine unter Versagensängsten leidet, wittert der andere seine Chance. Durch was einer sich besonders herausgefordert fühlt, vor dem mag ein anderer sich resigniert zurückziehen." (Kaluza 2011, 33)

Damit gaben LAZARUS und seine Mitarbeiter_innen den entscheidenden Anstoß Stress als interaktiven Prozess zu betrachten. Stress ist nach LAZARUS' Verständnis „nicht nur ein Umweltreiz oder eine Antwort, sondern eine *schwierige* **Beziehung zwischen einer Person und der Umwelt**."[7] (LAZARUS 1998, 168; Übersetzung SABINE NITSCH) Dabei präzisierten er und seine Mitarbeiterin SUSAN FOLKMAN:

> „Psychologischer Stress bezieht sich auf eine Beziehung mit der Umwelt, die vom Individuum im Hinblick auf sein Wohlergehen als bedeutsam bewertet wird, aber zugleich Anforderungen an das Individuum stellt, die dessen Bewältigungsmöglichkeiten beanspruchen oder überfordern"[8] (LAZARUS, FOLKMAN 1984, 63; zit. n. FRANKE 2012, 118; Übersetzung ALEXA FRANKE).

Dabei ist die **individuelle Bewertung** der Situation von der betreffenden Person ausschlaggebend dafür, ob und in welchem Umfang es zu einer Stressreaktion kommt (vgl. KALUZA 2011, 33f.).

Überdies gibt es Besonderheiten, die Einfluss auf die Reaktion einer Person haben. Beispielsweise macht es einen Unterschied, ob eine Führungskraft ihr erstes oder hundertstes Mitarbeiter_innengespräch führt, die Bauarbeiten am Nachbargebäude einen Tag oder einen Monat dauern oder eine Person eine Kündigung nichtsahnend

---

[7] Stress is "[...] not just an environmental stimulus or a response, but a *troubled relationship* between a person and the environment" (LAZARUS 1998, 168).
[8] "Psychological stress refers to a relationship with the environment that the person appraises as significant for his or her well being and in which the demands tax or exceed available coping resources" (LAZARUS, FOLKMAN 1986, 63).

erhält oder diese längst erwartet. Diese **Situationsmerkmale** können folgende Bereiche betreffen:

* Dauer (akut oder chronisch),
* Intensität des Reizes,
* Kontrollierbarkeit der Situation,
* Vorhersehbarkeit der Situation,
* Mehrdeutigkeit (Ambiguität) und Transparenz der Situation, sowie
* Betroffener Lebensbereich (Familie, Arbeit, Wohnumfeld)/ persönliche Wertig-
  keit der Situation (vgl. FRANKE 2012, 123).

Es ist interessant, dass LAZARUS auch die Ebenen des Sence of Coherence[9] verwendet hat (mit gestrichelten Linien markiert). Das verdeutlicht die konzeptionelle Nähe
der beiden Modelle. Da LAZARUS das transaktionale Stressmodell 1984 veröffentlichte
und ANTONOVSKY das Salutogenese-Modell 1987, wird vermutet, dass ANTONOVSKY
sich eher auf LAZARUS gestützt hat als anders herum.

3.2.2 Kognitive Bewertung (*Appraisal*)

Die kognitive Bewertung ist ein mentaler Vorgang, in dem „jedes Ereignis in eine
Reihe von Bewertungskategorien eingeordne[t wird], die sich entweder auf die Bedeutung des Ereignisses für das Wohlbefinden der Person beziehen (primäre Bewertung) oder auf die verfügbaren Bewältigungsfähigkeiten und -möglichkeiten (sekundäre Bewertung)." (vgl. LAZARUS, LAUNIER 1981, 233)

Die **Primäre Bewertung** bezieht sich dabei auf die Gefährdung des Wohlbefindens
durch potenzielle Stressoren und knüpft an Sollwerte menschlicher Grundbedürfnis-
se an, wie z. B. Liebe, Zugehörigkeit, Autonomie oder Sicherheit. Sie unterteilt sich in
drei grundlegende Kategorien, welche in Abbildung 9 (S. 43) veranschaulicht werden. Ein Stressor kann als a) irrelevant oder b) angenehm positiv eingeschätzt werden. Beide sind für den Bewältigungsprozess uninteressant. Handelt es sich um eine
Soll-Ist-Diskrepanz der Bedürfnisse, kommt es zu c) einer stressbezogenen Primärbewertung, die wiederum in Schaden-Verlust (*harm-loss*), Bedrohung (*threat*) oder
Herausforderung (*challenge*) eingeteilt wird (vgl. KALUZA 2011, 34). Durch den Fokus

---

[9] Siehe Kapitel 2.2.2. „*Sence of Coherence* bzw. Kohärenzgefühl" auf Seite 23

auf die individuelle Bedeutung der Situation, kann die primäre Bewertung mit ANTO-NOVSKYS Bedeutsamkeit bzw. Sinnhaftigkeit verglichen werden.

Wird eine eingetretene Schädigung wahrgenommen, handelt es sich um eine **Schaden-Verlust**-Einschätzung, wie z. B. bei Kritik, einer körperlichen Verletzung oder dem Verlust einer nahestehenden Person. Darauf wird häufig mit Ärger bzw. Wut, Trauer, Verzweiflung oder Hilflosigkeit reagiert. (vgl. KALUZA 2011, 34).

Bedrohungen betreffen Schädigungen, die noch nicht eingetroffen, aber zu erwarten sind. In der Auseinandersetzung mit dem Stressor kann z. B. das Nichterreichen persönlicher Ziele, ein Selbstwertverlust (z. B. durch Fehlschläge) oder Lebensneuregelungen (Trauerfall) erwartet werden. Dieses Soll-Ist-Missverhältnis löst oft Angstgefühle (Schaden-Verlust) aus (vgl. ebd.).

Herausforderung beschreibt das Hervorheben der positiven Auswirkungen und den damit verbundenen Nutzen in schwer erreichbaren, eventuell riskanten Situationen. Die Person sieht eine Chance die Anforderung zu bewältigen, verbunden mit der Möglichkeit ihre Kompetenzen zu bestätigen und weiter zu entwickeln. Im Gegensatz zu den anderen beiden Kategorien ist hier ein eher positives emotionales Empfinden zentral (vgl. KALUZA 2011, 34) und als Beispiel für den Eustress zu sehen.

Ist dieser Vorgang abgeschlossen folgt die **sekundäre Bewertung** (Abbildung 9, S. 43). Sie zielt auf die Frage ab: „Was kann ich tun?", ähnlich ANTONOVSKYS Handhabbarkeit. Die Person bewertet die Verfügbarkeit eigener Ressourcen zum Umgang mit dem Stressor, ebenso wie externe Unterstützungsmöglichkeiten, auf die zurückgegriffen werden kann. Um eine Stressreaktion hervorzurufen muss nicht nur ein Soll-Ist-Widerspruch erkannt werden, sondern auch die Einschätzung entstehen, dass die erkannte Anforderung unter Umständen nicht mit den routinemäßigen Bewältigungsmöglichkeiten überwunden werden kann. Hierbei spielen erlangte Erfahrungen eine wichtige Rolle, da diese von Gefühlen der Hilflosigkeit oder optimistischen Vertrauen beeinflusst sein können (vgl. KALUZA 2011, 34f.).

Die „zweite" Bewertung ist allerdings nicht weniger wichtig und muss auch nicht grundsätzlich nach der Ersten erfolgen. Die beiden Bewertungsprozesse beeinflussen sich gegenseitig und können sich zeitlich überlappen (vgl. KALUZA 2011, 35).

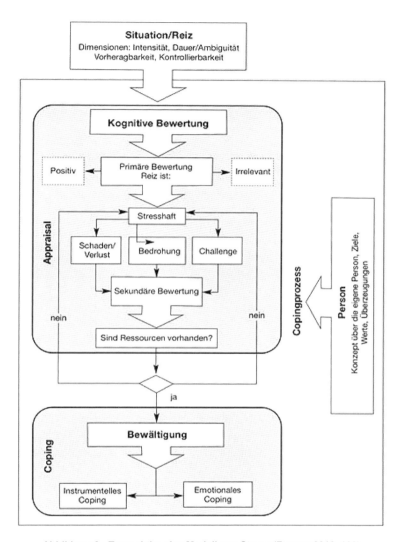

Abbildung 9 - Transaktionales Modell von Stress (FRANKE 2012, 122)

Damit wird eine **Neubewertung** (*Reappraisal*) des Prozessverlaufs möglich gemacht. Die Neubewertung bezeichnet eine Änderung der Primär- oder Sekundärbewertung, auf Grund von neuen Hinweisen, Überlegungen oder Rückmeldungen und anschließender Reflexion zur eigenen Reaktion (und ihrer Folgen). Beispielsweise kann eine Situation, die erst einen drohenden Verlust darstellt, nach Prüfung der Ressourcen aber zu einer Herausforderung werden. Andersherum kann sich eine Herausforderung, wegen geringerer Bewältigungsmöglichkeiten auch als schwieriger als gedacht herausstellen und die Gefahr einer Beeinträchtigung bedeuten (vgl. FRANKE 2012, 119). Dieses Rückkopplungssystem hebt die dynamische Besonderheit der **Person-Umwelt-Transaktion** hervor. Da Menschen sich ununterbrochen mit ihrer Umwelt auseinander setzen und sich an diese anpassen, befindet sich die Bewertung der Situation stetig im Wandel (vgl. KALUZA 2011, 35).

Das Zusammenwirken von Stressor, primärer und sekundärer Bewertung sowie Coping wird in Abbildung 9 (S. 43) zusammenfassend verdeutlicht.

3.2.3 Bewältigungs- bzw. Coping-Prozess

Der Begriff **Coping** wurde erstmals 1967 offiziell als Fachterminus in Psychological Abstracts verwendet (FRANKE 2012, 118) und bezeichnet die Gesamtheit von:

> „fortwährend in Veränderung begriffener kognitiver und verhaltensbezogener Anstrengungen zur Handhabung bestimmter externaler und/oder internale Anforderungen, die vom Betroffenen als seine Ressourcen belastend oder überlastend bewertet werden" (LAZARUS, FOLKMAN 1984, S. 141, zit. n. LYON 2005, 34).

Bewältigung ist dementsprechend das Bemühen mit psychischem Stress zurechtzukommen (LAZARUS 2005, 240). Bei den **Bewältigungsbemühungen** handelt es sich nicht um ein automatisches Anpassungsverhalten, das bereits erlernt wurde (und im Repertoire der Bewältigungsstrategien vorhanden ist). Die Situation wird nicht automatisch gemeistert, sondern muss „gehandhabt" werden, was mit Anstrengung verbunden ist. Damit zeigt sich, dass Coping prozess- und nicht personenorientiert ist (LYON 2005, 34; BACKER et al. 2005).

Nur wenn eine Person eine belastende Situation als stresshaft bewertet, ist Coping notwendig. Vorausgesetzt es stehen ausreichend Ressourcen zur Verfügung, kann der Anspannung auf zwei verschiedenen Wegen beigekommen werden: mit problembezogenen und emotionsbezogenen Bewältigungsstrategien (vgl. KALS, GALLEN-MÜLLER-ROSCHMANN 2011,190).

Problembezogene oder auch **instrumentelle Bewältigungsstrategien** setzen bei den ursächlichen Stressoren an und zielen darauf ab die Situation zu verändern. Dabei können Vorgehensweisen nach außen (Umwelt) und innen (Selbst) gerichtet sein. Zu erreichen ist dies durch:

- Informationen sammeln (z. B. Internet, Telefon, Beratungsstellen),
- Soziale Unterstützung einholen (z. B. Kolleg_innen, Familie, Freunde, Nachbarn, Haushaltshilfe) oder
- Problemorientiertes Handeln (z. B. Problem analysieren, Finden von Alternativlösungen, Stellenwechsel, Veränderung ungünstiger Arbeitsbedingungen, Aneignung neuer Kompetenzen; vgl. FRANKE 2012, 120f.; LYON 2005, 35).

Emotionsbezogene Bewältigungsstrategien beziehen sich auf den Umgang mit den eigenen Gefühlen. Sie dienen nicht der Veränderung der Situation, sondern zur Abmilderung der empfunden Belastung typischerweise durch:

- Kognitives Umstrukturieren (z. B. humorvolle Seite finden, Verharmlosung, wer weiß wofür es gut war),
- Innerliches Distanzieren (z. B. nicht dran denken, ablenken, weitermachen als ob nichts sei, entspannen, meditieren),
- Gefühle zum Ausdruck bringen (z. B. sich aussprechen, weinen, schreien, Gefühle durch Mimik und Gestik zum Ausdruck bringen; vgl. FRANKE 2012, 121; LYON 2005, 34).

FRANKE hebt hervor, dass eine solche Einteilung hilfreich ist, aber situationsgebunden „nahezu alle Verhaltensweisen beiden Funktionen dienen und allenfalls eine Gewichtung (häufig in zeitlicher Variation) zwischen Emotions- und Situationsregulation möglich ist." (2012, 124) Beispielsweise kann ein Wutausbruch der Reduktion körperlicher Anspannung dienen, aber auch von den Mitarbeiter_innen mehr Arbeitseifer fordern. Überdies ist es wichtiger über viele verschieden Bewältigungsstrategien zu verfügen, als über DIE Eine, um flexibel auf eine Vielzahl von Anforderungen reagieren zu können (vgl. ebd.).

Wie Bewältigungsstrategien zu gestalten und auszuformen sind wird in Kapitel 4 „Individuelles Stressmanagement" (S. 52) näher erläutert und die praktische Umsetzung anhand eines Methodenbeispiels veranschaulicht. Vorher wird der Zusammenhang von Stress und Arbeit näher beleuchtet.

3.3 Arbeitspsychologische Stresstheorien

Belastungen spielen im Zusammenhang mit Erwerbsarbeit eine außerordentliche Rolle für das psychische und körperliche Wohlbefinden. Besonders Führungskräfte im mittleren und unterem Management zählen auf Grund von psychischer Beanspruchung und auffälligem Arbeitsverhalten zu den am stärksten belasteten Mitarbeiter_innengruppen (vgl. GERARDI et al. 2014, 21; DGFP 2011b, 11). Die folgenden beiden Modelle bestätigen einen Zusammenhang von Stressoren und Ressourcen im beruflichen Kontext:

3.3.1 Anforderungs-Kontroll-Modell nach KARASEK und THEORELL

Das **Anforderungs-Kontroll-Modell** (*Job-Demand-Control-Modell*) wurde 1979 von dem amerikanischen Sozilogen ROBERT KARASEK entwickelt und im Jahr 1990 mit Hilfe des schwedischen Kardiologen und Sozialepidemiologen TÖRES THEORELL erweitert (vgl. NAGEL, PETERMANN 2012, 110). Wie in Abbildung 10 dargestellt, besteht es aus den folgenden Dimensionen:

- die Höhe psychosozialer **Anforderungen**, etwa durch Zeitdruck oder Komplexität der Aufgaben, und
- dem Grad an **Kontrolle** über den Tätigkeitsspielraum am Arbeitsplatz, z. B. über persönlichen Entscheidungsspielraum oder Arbeitsablauf (vgl. GERARDI et al. 2014, 21f.).

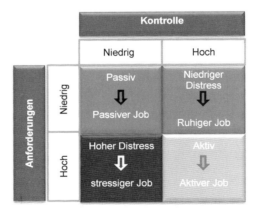

Abbildung 10 - Anforderungs-Kontroll-Modell nach KARASEK und THEORELL (eigene Darstellung in Anlehnung an KALUZA 2011, 29; BAuA 2012, 15)

Diese Faktoren sind ausschlaggebend für chronische Stressreaktionen (vgl. KALUZA 2011, 30). Durch Wechselwirkungen zwischen den Dimensionen können vier verschiedene Arbeitstypen generiert werden. Bei niedrigen Anforderungen sind negative gesundheitliche Auswirken weniger zu erwarten, wobei eine hohe Kontrollierbarkeit in diesem Rahmen zu Distress führen kann und der persönlichen Weiterentwicklung sowie Arbeitsmotivation nicht zuträglich ist. Die gesundheitsförderlichste Konstellation besteht aus hohen Anforderungen und hohem Entscheidungsspielraum, da die Person dann optimal gefordert wird (**Eustress**).

> „**Motivierende Situationen** sind solche, in denen man das Gefühl hat, die Kontrolle über einen Ablauf mit bedeutsamem Ausgang zu haben, dabei sein Leistungsvermögen weiter zu steigern und Rückmeldung über die Effektivität seiner Leistung zu erhalten." (KARASEK, THEORELL 1990, 171)

Werden allerdings sehr viele Anforderungen an eine Person herangetragen, die sie „nicht aktiv und erfolgsgesteuert bearbeiten [kann] und macht die Erfahrung, wesentliche Aspekte seiner Umwelt nicht kontrollieren zu können" (ebd.) wird **hoher Distress** erzeugt. Bei dauerhaften Stressreaktionen sind negative gesundheitliche Auswirkungen durch die Arbeit sehr wahrscheinlich. Besonders der Soziale Bereich gilt als Berufsbranche, die davon stark betroffen ist (vgl. BAuA 2012, 44f., 74, 89, 98). Arbeitnehmer_innen solcher Arbeitsplätze haben ein 2- bis 4-fach so hohes Risiko vorzeitig Herz-Kreislauferkrankungen zu entwickeln, unabhängig vom persönlichen genetisch- oder verhaltensbedingtem Risiko. Besteht ergänzend ein Mangel an sozialer Unterstützung, wie Rückhalt durch Kolleg_innen und Vorgesetzte, wird dieses Risiko weiter erhört (JOHNSON, JOHANSSON 1991). Nach einer Studie von SIEGRIST und DRAGANO (2008) wird bei einer Kombination von hohen Anforderungen und niedrigen Kontrollmöglichkeiten, sowohl das Risiko an Herz-Kreislauf-Erkrankungen, als auch an depressiven Störungen zu erkranken verdoppelt (vgl. KALUZA 2011, 30).

3.3.2 Modell der beruflichen Gratifikationskrisen nach SIEGRIST

JOHANNES SIEGRIST ist Direktor des Instituts für Medizinische Soziologie am Universitätsklinikum Düsseldorf. Im Jahr 1996 veröffentlichte er das **Modell der beruflichen Gratifikationskrisen** (*Effort-Reward-Imbalance-Model*), dass er in den 1980er Jahren entwickelt und in den 1990er Jahren empirisch untersucht hatte (vgl. OKUNOWSKI 2009, 10).

Das Wort Gratifikation stammt vom lateinischen Verb *gratificari* ab, bedeutet „eine Gefälligkeit erweisen" (vgl. BIBLIOGRAPHISCHES INSTITUT 2013c) und bezieht sich auf zusätzliche Entlohnung für die Arbeitsleistung. Wie Abbildung 11 (S. 48) verdeutlicht, steht im Mittelpunkt eine Diskrepanz zwischen Geben und Nehmen, die langfristig zu chronischem Stress führen kann. Dementsprechend entsteht durch ein Missverhältnis zwischen hoher Verausgabung am Arbeitsplatz und niedriger Belohnung eine **distresserzeugende Gratifikationskrise**, welche in Abbildung 11 dargestellt wird. In diesem Zusammenhang kann sich eine **Belohnung** in Form von Lohn oder Gehalt, Anerkennung und Wertschätzung, beruflichen Aufstiegsmöglichkeiten, sowie der Sicherheit des Arbeitsplatzes zeigen. Eine hohe **Verausgabung** ergibt sich aus externen Anforderungen (z. B. Zeitdruck) und der eigenen Verausgabungsbereitschaft. Das Modell berücksichtigt auch ein mögliches „Überengagement" (*Overcommitment*), welches langfristig die Entstehung des Burn-Out-Syndroms begünstigen kann (vgl. KALUZA 2011, 30; BAuA 2012,17).

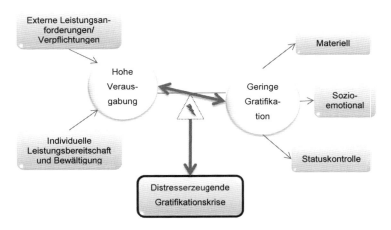

**Abbildung 11 - Modell beruflicher Gratifikationskrisen nach SIEGRIST 1996
(eigene Darstellung in Anlehnung an KALUZA 2011, 31)**

So zeigt eine Studie von SIEGRIST und DRAGANO im Jahr 2008, dass bei der Kombination von starker Verausgabung und niedriger Belohnung das Risiko für Herz-Kreislauf-Erkrankungen um das 2- bis 4,5-fache und für depressive Störungen 1,5 bis 3,5-fache steigt (vgl. KALUZA 2011, 30).

An diesem Modell lässt sich eine Problematik bei der Arbeit im Sozialen Bereich erkennen: In Anbetracht der in Kapitel 3.3.1. „Anforderungs-Kontroll-Modell nach KASAREK und THEORELL" (S. 46) erwähnten enormen Arbeitsbelastung stehen in Non-Profit-Organisationen häufig nur begrenzt Anreizsysteme für Mitarbeiter_innen zur Verfügung (z.B. Gehaltshöhe, beruflicher Aufstieg; vgl. BAUSCH-WEIß 2004, 324). Dadurch ist das stressbedingtes Erkrankungsrisiko für Arbeitnermer_innen in Sozialberufen von Grund auf erhöht.

3.4 Zusammenfassung des Kapitels „Was ist Stress?" und Schlussfolgerungen

Stress ist keine Erfindung der Moderne, sondern eine Generalmobilmachung aller Körperkräfte, die bereits seit Urzeiten in unserem Körper verwurzelt ist. Da sich in den letzten Jahrtausenden unsere Lebens- und Arbeitsgewohnheiten verändert haben, die biochemischen Prozesse im menschlichen Körper aber nur unwesentlich, muss nun eine neue Möglichkeit gefunden werden, um beides dauerhaft in Einklang zu bringen.

In erster Linie ist wichtig zu wissen, dass Stress grundsätzlich nichts Schlechtes ist. Der positive **Eustress** fordert eine Person im richtigen Maß und ist damit leistungsstimulierend, belebend und motivierend. Kommt es allerdings dauerhaft zu einer Unter- oder, noch schwerwiegender, einer Überforderung (**Distress**), sind damit gesundheitliche Risiken verbunden.

Ob es zu einer Stressreaktion kommt, hängt von den einströmenden **Stressoren** und der Wahrnehmung der betreffenden Person ab. Nicht das Ereignis an sich ist stressauslösend, sondern die **individuelle Bewertung** dessen. Dies ist auch die Grundidee des transaktionalen Stressmodells von LAZARUS. Individuum und Umwelt stehen ständig in Beziehung. Erst die Kombination von Umweltreizen, einer Bewertung dieser als stresshaft und voraussichtlich unzureichende Ressourcen lässt Stress entstehen. Sollten genug Kompetenzen und Unterstützungsmöglichkeiten mobilisiert werden können (z. B. durch neue Informationen, Erwerb von Fähigkeiten oder Wissen, Kolleg_innen), kann der schwierigen Situation begegnet werden. Dies kann durch aktiv problemlösende oder emotionsregulierende Strategien geschehen.

Bemängelt wird an LAZARUS' Modell, dass die stressauslösenden Bedingungen nicht ausreichend berücksichtigt wurden und immer eine bewusste Einschätzung von Situation und Ressourcen vorausgesetzt wird (z.B. GREIF et al. 1991; vgl. BAuA 2012, 16).

Zwischen dem Modell der Salutogenese und dem transaktionalen Stressmodell besteht eine konzeptionelle Nähe. Sie basieren nicht nur beide auf Stressoren und Ressourcen, sondern haben auch vergleichbare Elemente. LAZARUS' primäre Bewertung kommt ANTONOVSKY Dimension der Bedeutsamkeit/ Sinnhaftigkeit nahe und die sekundäre Bewertung ähnelt der Dimension Handhabbarkeit. LAZARUS' Verständnis von Stressoren und deren Situationsmerkmale bezieht sich sogar auf alle drei salutogenetischen Dimensionen. Überdies beeinflusst das Kohärenzgefühl die Bewertung einer Situation. Personen mit einem starken SOC werden Stressoren häufiger als irrelevant oder positiv einschätzen. Dabei ist das Kohärenzgefühl selbst kein Copingmechanismus und präg auch keine bestimmten Bewältigungsstile. Es ist vielmehr die Voraussetzung für den flexiblen Umgang mit verschieden Anforderungen, wodurch mehr potenzielle Copingstrategien zur Verfügung stehen. FRANKE bezeichnet das SOC als **„globale Stressbewältigungsressource"** (2012, 178), da es eine gute Ausgangslage bietet, um kognitiv und emotional günstig zu reagieren und infolgedessen flexibel und situationspassend eine geeignete Copingstrategie gewählt werden kann (vgl. ebd.).

Mit besonderem Blick auf das Themengebiet Arbeit wurden zwei Modelle identifiziert, die einen Zusammenhang von Arbeitsstress und Gesundheit darstellen können. Im **Anforderungs-Kontroll-Modell** wird eher auf grundsätzliche Rahmenbedingungen der Tätigkeit geschaut und vorwiegend eine kognitive Ebene genutzt. Dabei betrachtet das **Modell beruflicher Gratifikationskrisen** auch die inneren Antriebe der Menschen und Rückmeldung der Umwelt auf ihr Verhalten. Damit bedient es zusätzlich eine emotionale Ebene. Dieses Modell kann in helfenden Berufen besonders nützlich sein, da hier häufig überdurchschnittliche Belastungen mit geringer finanzieller Vergütung zusammentreffen.[10] Beide Modelle können sowohl gesundheitsförderliche als auch -schädliche Verhältnisse sichtbar machen. Aus diesem Grund ist es sowohl für die Selbstführung, als auch für die Mitarbeiter_innenführung wichtig diese Modelle zu kennen. So kann eine Person entweder präventiv die Arbeitsplatzbedingungen in

---

[10] Dazu mehr im Kapitel 5.1 „Besonderheiten von Nonprofit-Organisationen" (S. 80).

einer Art und Weise gestalten, dass sie in Bezug auf Anforderungen bzw. Verausgabung, Kontrollmöglichkeiten und Gratifikation ausgeglichen sind. Dies ist natürlich auch sekundärpräventiv möglich, wenn Überlastungssymptome erkannt wurden und eine Chronifizierung unterbunden werden soll.

Den drei hier vorgestellten Stressmodellen ist gemein, dass alle ein Ungleichgewicht von Anforderungen und den zu Verfügung stehenden Bewältigungsmitteln zum Gegenstand haben. Überdies handelt es sich bei der Stressentstehung stets um eine Verbindung von objektiven und subjektiven Einschätzungen der Situation und den vorliegenden Bewältigungsstrategien. Sie alle bieten Ansatzpunkte, um Ressourcen zu verstärken und Stressoren zu verringern. Alle drei schließen sich einander nicht aus. Dabei können die arbeitsbezogenen Stressmodelle jeweils einen Schwerpunkt in LAZARUS' transaktionalen Prozess bilden, wie z. B. ein subjektiv als unangenehm empfundener Spannungszustand auf Grund von zu wenigen Kontroll-, Gestaltungs- oder Entspannungsmöglichkeiten oder einem Mangel an Wertschätzung der Arbeit.

Doch warum bekommt das Wissen um Stress eine immer größere Bedeutung im Arbeitsalltag und im Bereich der Selbstführung? Nur wenn Stress erkannt wird, kann er auch benannt werden und wo dieser benannt werden kann, kann er auch gemanagt werden. Damit können Stressoren und Ressourcen analysiert und gezielt beeinflusst werden. Da nun bekannt ist, dass Stress stark bewertungsabhängig ist, könnte eine Einstellungsänderung den Stress in einer Situation bereits vermindern. Eine Beobachtung und Einschätzung der eigenen Person kann genutzt werden, um stressreduzierende Einstellungen und Verhaltensweisen zu fördern und ergänzend die Situation eher als Herausforderung zu betrachten. (Dabei ist die Fähigkeit der realistischen Einschätzung einer Situation von großer Bedeutung.) In diesem Zusammenhang ist es außerdem hilfreich zu wissen, wie das individuelle Kohärenzgefühl ausgeprägt ist, da Menschen mit einem starkem SOC weniger schnell gestresst und weniger krank sind. Wie Strategien eingesetzt werden können, um Stress zu begegnen und wie explizit das SOC gefördert werden kann ist Thema des folgenden Kapitels.

4 Individuelles Stressmanagement

Es stellt sich allmählich die Frage, was gute, erfolgreiche, womöglich gesundheitsförder-liche Stressbewältigung ausmacht und was effektive Bewältigungsformen im Berufsall-tag sein können. Darauf eingehend werden drei verschiedene Möglichkeiten des indivi-duellen Stressmanagements vorgestellt und anschließend auf die Effektivität von Bewäl-tigungsstrategien eingegangen. Für einen ganzheitlichen Blick wird außerdem ein kurzer Exkurs zum strukturellen Stressmanagement durchgeführt, da das individuelle Verhalten immer in Beziehung zu den Verhältnissen steht. Im Anschluss wird das Salutogenese-Modell explizit in den Zusammenhang mit Stressbewältigung gestellt und nachstehend ein Methodenbeispiel aufgeführt, wie in Form eines Trainings die „globale Stressbewälti-gungsressource" (FRANKE 2012, 178) Kohärenzgefühl gestärkt werden kann.

Ein **gelungenes Stressmanagement** zielt auf einen gesundheitsförderlichen Umgang mit von außen auferlegten und selbst gestellten Anforderungen ab. Im Mittelpunkt steht ein ausgeglichener Einsatz der eigenen Kräfte, um Gesundheit und Wohlbefinden zu fördern und sich mit den alltäglichen Anforderungen auseinanderzusetzen (vgl. KALUZA 2014, 86). Da jede Person ein Individuum ist, muss auch Stressbewältigung für jede_n zugeschnitten werden. Im Folgenden werden unterschiedliche Wege vorgestellt, um Stress zu begegnen. Dabei handelt es sich um Vorschläge, deren Nutzen jede Person individuell für sich und den Berufsalltag prüfen muss.

KALUZA nutzt und erweitert LAZARUS' Copingstrategien und sieht bei der individuellen Belastungsbewältigung drei verschiedene Ansatzpunkte: bei den Stressoren (prob-lembezogen), der persönlichen Stressverarbeitung (emotionsbezogen) und den Stressreaktionen (Abbildung 12; vgl. ebd., 87).

Das Ziel des **instrumentellen Stressmanagement**s ist es Stressoren gar nicht erst entstehen zu lassen. Das kann auf zwei unterschiedlichen Wegen erreicht werden. Zum einen können äußere Anforderung, sowohl im beruflichen, als auch im privaten Bereich auf eine Art beeinflusst werden, dass Belastungen verändert, verringert oder beseitigt werden. Zum anderen können fachliche und soziale Kompetenzen (weiter-)entwickelt werden, um sich vor Anforderungsbelastungen zu schützen. Dieser Be-wältigungsweg fördert die **instrumentelle Stresskompetenz** (vgl. KALUZA 2014, 87).

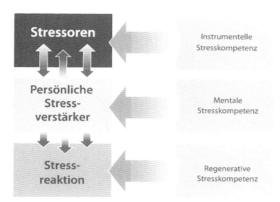

Abbildung 12 - Die drei Säulen der Stresskompetenz (KALUZA 2014, 88)

Ein weiterer Ansatzpunkt ist es sich bewusst zu machen, welche stresserzeugenden und -verschärfenden Bewertungen, Einstellungen und Gedanken einem zu eigen sind. Diese **mentale Stresskompetenz** wird durch eine schrittweise Veränderung dieser in gesundheitsförderliche Gedanken und Einstellungen erreicht (vgl. KALUZA 2014, 87).

Auch die Stressreaktion kann mit Hilfe von Erholung und Entspannung verändert werden. Das Lösen bestehender körperlicher Anspannung, Dämpfen von Nervosität und innerer Unruhe und der langfristige Erhalt der Widerstandskraft bezeichnet die **regenerative Stresskompetenz** (vgl. KALUZA 2014, 87).

Im Folgenden werden die drei Wege zur Stressbewältigung näher erläutert.

4.1 Instrumentelles Stressmanagement

Das Ziel dieser Bewältigungsform ist es Stress zu verhindern, indem **Stressoren** reduziert oder bestenfalls ausgeschaltet werden. Dazu müssen Verhältnisse geändert und etwas an der Umwelt oder sich selbst verändert werden (z. B. Veränderung von Arbeitsabläufen, Kompetenzerwerb). Es können sowohl aktuelle Belastungssituationen bearbeitet (reaktiv) als auch zukünftige Belastungen gesenkt oder unterbunden (proaktiv) werden (vgl. ebd., 88). Abbildung 13 führt Beispiele für instrumentelles Stressmanagement auf:

Erweiterung fachlicher Kompetenzen	•Informationen suchen, •Fortbildung besuchen, •kollegialer Austausch
Selbstmanagement: Optimierung persönlicher Arbeitsorganisation	•Definition persönlicher und beruflicher Prioritäten, •Strukturierung von Arbeitsaufgaben, •realistische Zeitplanung, •Delegation von Arbeitsaufgaben •störungsfreie Arbeitsumgebung schaffen
Verbesserung der Organisation	•Aufgabenverteilung, •Ablaufplanung, •Ablagesysteme etc.
Entwicklung sozial-kommunikativer Kompetenzen	•anderen Grenzen setzen, •häufiger »nein«, »ohne mich«, »jetzt nicht« sagen, •etwas positiv sagen, •versuchen andere zu verstehen, •sich aussprechen, •Klärungsgespräche führen
Suche nach Unterstützung	•sich helfen lassen, •Unterstützung verlangen, •Soziale Netzwerke aufbauen
Entwicklung von Kompetenzen zur Problemlösung	•bewusst mit dem Problem auseinandersetzen •aktiv nach Lösungen suchen

Abbildung 13 - Beispiele und Erläuterungen für instrumentelles Stressmanagement (eigene Darstellung in Anlehnung an KALUZA 2014, 88)

Sachkompetenz (fachliche Qualifizierung) stellt eine wichtige Strategie innerhalb des instrumentellen Stressmanagements dar. Doch um zielgerichtet und eigenständig handeln zu können, sind zudem sozial-kommunikative und Selbstmanagementkompetenzen unerlässlich (vgl. ebd., 89).

4.2 Mentales Stressmanagement

Bei dieser Form der Stressbewältigung sind **persönliche Stressverstärker** wie persönliche Motive, Einstellungen, Denkmuster zentral. Sie zielen darauf ab die Erregung zu drosseln, sich diese Verhaltensweisen bewusst zu machen, zu reflektieren und in stressmindernde, gesundheitsfördernde Denkmuster und Einstellungen umzuwandeln (vgl. KALUZA 2014, 89). Damit sollen Veränderungen von Bewertungen erreicht werden für:

- Situative Anforderungen (Primärbewertung),
- Eigene Ausgleichsmöglichkeiten (Sekundärbewertung),
- Bestehende Sollwerte (Normen, Werte, Ziele) und
- Verallgemeinernde Einstellung (z. B. perfektionistische Leistungsansprüche, Hilflosigkeitseinstellungen, überstiegenes Kontrollbedürfnisse; vgl. KALUZA 2011, 51).

Sowohl für den beruflichen als auch für privaten Alltag können die in Abbildung 14 aufgezeigte Strategien nützlich sein:

Beispiele für mentales Stressmanagement

☐ Kritische Überprüfung von perfektionistischen Leistungsansprüchen und eigene Leistungsgrenzen annehmen lernen.

☐ Schwierigkeiten als Herausforderung, nicht als Bedrohung betrachten.

☐ Mehr innere Distanz zu alltäglichen Aufgaben entwickeln; sich weniger persönlich damit identifizieren.

☐ Auf für das Wesentliche fokussieren.

☐ Sich der erfreulichen und gelungenen Dinge im Leben bewusst werden und dafür dankbar sein.

☐ Kein Festklammern an unangenehmen Gefühlen, sondern loslassen.

☐ Die Realität akzeptieren und weniger feste Erwartungen an andere stellen.

☐ Sich selbst weniger wichtig nehmen und Entgegenkommen signalisieren

Abbildung 14 - Beispiele für mentales Stressmanagement
(eigene Darstellung; vgl. KALUZA 2014, 89f.; FRANKE 2012, 121)

Dem könnte erstens noch das zum Ausdruck bringen von Gefühlen, z. B. Abreagieren durch Schreien, und zweitens das kognitive Umstrukturieren, z. B. durch Humor und eine positive, optimistische Grundhaltung, hinzugefügt werden, wie es auch schon beim emotionsbezogenen Coping von LAZARUS beschrieben wurde (vgl. FRANKE 2012, 121). Überdies könnte die Auflistung, in Anlehnung an die Überprüfung von perfektionistischen Leistungsansprüchen, um einen fehlerfreundlichen Umgang mit dem eigenen Verhalten hinzugefügt werden.

4.3 Regeneratives Stressmanagement

Diese Art der Bewältigung betrachtet physische und psychische **Stressreaktionen** und versucht diese zu regulieren und zu kontrollieren. Durch Abschwächung der Intensität von unlustbetonten Stressgefühlen (z. B. Angst, Ärger, Kränkung, Neid, Schuld) und Berücksichtigung der positiven Gefühle (z. B. Begeisterung, Freude, lustvoll erlebte Spannung, Stolz) können Emotionen kanalisiert und die körperliche Anspannung reduziert werden. Dabei sind kurzfristige (palliative) Maßnahmen zur Entspannung und Erleichterung in der aktuellen Stresssituation sowie langfristige (regenerative) Verhaltensweisen, die regelmäßig einen Ausgleich und Erholung bringen, zu unterscheiden (vgl. KALUZA 2011, 52). In Abbildung 15 werden Beispiele für regeneratives Stressmanagement dargestellt:

Beispiele für kurzfristige Stressbewältigung (palliativ)	Beispiele für langfristige Stressbewältigung (regenerativ)
☐ Sich ablenken (z. B. Fernsehen, Verreisen)	☐ (Außerberufliche) Freundschaften und soziale Netzwerke pflegen
☐ Sich durch körperliche Aktivität abreagieren	☐ Regelmäßiger Ausgleich durch Hobbys und Freizeitaktivitäen
☐ Sich kurz entspannen und bewusst ausatmen	☐ Regelmäßig Entspannungsübungen durchführen
☐ Sich selbst etwas Gutes tun	☐ Sich regelmäßig sportlich betätigen
☐ Klärende Gespräche führen	☐ Ausreichend schlafen
☐ Psychopharmaka einnehmen	☐ Sich abwechslungsreich und gesund ernähren
☐ Trost und Ermutigung suchen	☐ Die kleinen Dinge am Alltag genießen lernen

Abbildung 15 - Beispiele für palliative und regenerative Stressbewältigung (eigene Darstellung; vgl. KALUZA 2011, 52; KALUZA 2014, 96)

Die palliativen Stressbewältigungsbeispiele beinhalten interessanterweise auch „sich etwas Gutes tun". Diese Fähigkeit ist für FRANKE und WELBRINK zentral bei der ressourcenorientierten Erweiterung des Salutogenese Modells. Damit vereint KALUZA in den drei aufgeführten Wegen zum Stressmanagement die Ansätze von ANTONOVSKY, FRANKE und WELBRINK sowie LAZARUS.

FRANKE und KALUZA stimmen überdies darin überein, dass sich die Funktion einer Bewältigungsform verändern kann. Ein Wutausbruch kann der Entladung dienen (palliativ) und von den Mitarbeiter_innen mehr Engagement einfordern (instrumentell). Gespräche mit Kolleg_innen können sowohl der emotionalen Entlastung und Ablenkung (palliativ), als auch der Konfliktlösung (instrumentell) dienen oder einen Perspektivenwechsel herbeiführen (mental). Wichtig ist dabei die jeweilige Absicht, mit der die Bewältigungsstrategie gewählt wird (vgl. KALUZA 2011, 52; FRANKE 2012, 124).

Es gibt eine Vielzahl von Bewältigungsstrategien, die ausprobiert werden könnten. Welche Strategien dabei eher eine positive und eher eine negative Wirkung zeigen, wird im folgenden Kapitel erläutert.

4.4 Effektivität von Bewältigungsformen

Als **dauerhaft nicht effektive** (eskapistische) **Strategien** haben sich realitätsfliehende Wunschfantasien und der Konsum von Alkohol und Medikamenten erwiesen. Dazu kommen sowohl das Entladen der eigenen Spannung an anderen Menschen, weil dies nur weitere Belastungen schafft, als auch Verhaltensweisen zur Selbstabwertung, -beschuldigung und -bemitleidung. Ein Versinken in grüblerische Gedanken und das Resignieren gegenüber der Situation haben sich als nicht hilfreich herausgestellt (vgl. KALUZA 2011, 53).

Dagegen stellen sich positive Neubewertungen der Lage als **ausnahmslos nützliche Strategie** dar, wie z. B. durch einen sozialen Vergleich mit anderen oder einem temporären Vergleich über das letzte Jahr hinweg. Hinzu kommt die Fähigkeit die eigenen Kontrollmöglichkeiten situativ realistisch einschätzen zu können und ein aktives, problemzentriertes Handeln, wenn Kontrollmöglichkeiten gegeben sind. Sollten keine Kontrollmöglichkeiten vorhanden sein, hilft es sich mit der unabänderlichen Situation abzufinden, was allerdings nicht gleichbedeutend mit einer passiven, aufgebenden Haltung ist (vgl. ebd.).

Defensive Strategien, wie belastenden Situationen auszuweichen, sie zu vermeiden, oder zu verleugnen, müssen genauer betrachtet werden. Dabei besteht die Gefahr, dass das Belastungsniveau dauerhaft erhört wird. Langfristig kann dies zu einer physiologischen Überreaktion führen, die gesundheitsschädliche Folgen mit sich

bringt. Demgegenüber kann es durchaus hilfreich sein defensive Strategien einzusetzen, wenn sich im regelmäßigen Wechsel mit der Realität auseinander gesetzt
wird und aktive Bewältigungsversuche erprobt werden. Sie können in diesen Fällen
als Mittel genutzt werden, um sich nach einschneidenden Ereignissen wieder anzu-
passen, wie beispielsweise dem Verlust des Ehepartners (vgl. KALUZA 2011, 54).

Expressive Strategien „konservieren den Ärger und beeinträchtigen das
Wohlbefinden" (ebd.). Sie bezeichnen das Unterdrücken (Ärger in sich „hineinfres-
sen") oder Ausdrücken (Ärger herauslassen) von belastenden Situationen. Ein unkontrolliertes gereizt-aggressives Abreagieren an anderen erwies sich in mehreren
Studien als ineffektiv (z. B. WEBER 1993, 1994). Ein mangelnder Gefühlsausdruck
führt meist dazu, dass zwischenmenschlichen Konflikten im Vornherein aus dem
Weg gegangen wird. Dadurch schwelen bestehende Konflikte weiter und breiten sich
wie Tretminen auf weitere Lebensbereiche aus. Damit steigt die Gefahr, dass die
Situation eskaliert und eine Überaktivierung des Körpers entsteht. Im Gegensatz
dazu sind alle Strategien vorteilhaft, die den Ärger beenden, wie etwa Ablenkung,
Umdeutung, Humor oder klärungsorientierte Gespräche. Sowohl das Herunterschlu-
cken als auch das feindselige Ausleben von Ärger kann negative gesundheitliche
Folgen mit sich bringen. Die erfolgreiche Bewältigung sozialer Belastungssituationen
setzt vor allem soziale Kompetenzen voraus. Dazu zählt es die eigenen Gefühle rea-
litätsnah ausdrücken zu können, seine eigenen Interessen angemessen vertreten
und aktiv Konflikte lösen zu können. Zusätzlich trägt ein Ausdruck von Gefühlen auch
dazu bei vertrauensvolle Beziehungen aufzubauen und an sozialem Rückhalt zu gewinnen (vgl. ebd., 54f.).

Darüberhinaus betont KALUZA die Fähigkeit **flexibel** und situationsange-messen auf
Belastungen reagieren zu können. Diese Begabung hilft aus einer potenziellen
Opferrolle herauszutreten, wie bei Personen mit niedrigem Kohärenzgefühl, und
schafft eine innere Unabhägigkeit, welche Basis für ein langfristiges Stressmanagement ist. Diese Freiheit eröffnet einer Person die Möglichkeit selbst zu entscheiden,
ob, wann und wie sie auf eine Situation Einfluss nehmen will und ob sie bedeutsam
genug ist, um sie ändern zu wollen. Diese Autonomie der Situationseinschätzung
setzt gewisse Kompetenzen voraus. **Kennzeichen einer hohen Stresskompetenz**
ist ein umfangreiches Repertoire an unterschiedlichen Stressmanagementstrategien.

Dabei ist eine ausgewogene Balance zwischen instrumentellen, mentalen und regenerativen Bewältigungsformen entscheidend. Folglich sollten Strategien ausprobiert und eingeübt werden, die bisher nicht oder nur selten angewendet wurden (vgl. 2014, 91f.).

Dadurch kann flexibel auf stresshafte Situationen reagiert werden und Phasen der Aktivierung und Problemlösung können sich mit Phasen der Entspannung und Problemdistanzierung abwechseln (vgl. ebd., 55).

4.5 „Dialektik von Verhalten und Verhältnissen" - Exkurs Strukturelles Stressmanagement

Individuelle und strukturelle Maßnahmen zur Stressbewältigung beeinflussen sich gegenseitig auf verschieden Ebenen. KALUZA beschreibt es als „Dialektik von Verhalten und Verhältnissen" (2011, 57). Die verschiedenen Interventionsebenen greifen in- und beziehen sich aufeinander. Folglich werden bei einem effektiven Stressmanagement sowohl individuelle als auch strukturelle Stressbewältigungsformen aufeinander abgestimmt (vgl. ebd., 56). Damit ein umfassendes Verständnis von Stressmanagement entstehen kann, wird im Folgenden kurz in das strukturelle Stressmanagement eingeführt.

Abbildung 16 stellt dar, dass auch auf strukturelle Weise bei Stressoren, Bewertungen und der Stressreaktion angesetzt werden kann. Ziel ist es dabei überindividuelle belastende Strukturen zu verändern, die außerhalb des direkten Einflussbereichs des Individuums liegen (vgl. ebd.). Im Weiteren werden Stellen aufgezeigt an denen strukturelles Stressmanagement ansetzen kann. Zur besseren Verdeutlichung wird dies am Beispiel der betrieblichen Gesundheitsförderung vollzogen.

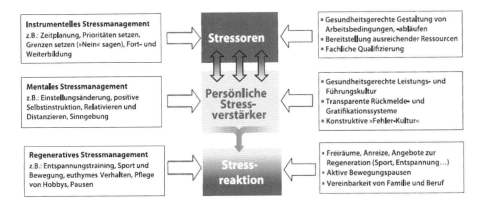

**Abbildung 16 - Individuelles und strukturelles Management
(eigene Darstellung in Anlehnung an KALUZA 2011, 51, 56)**

Hauptziel der betrieblichen Gesundheitsförderung ist es **Stressoren** der materiellen und sozialen Arbeitsbedingungen zu verringern oder abzustellen, wie z. B. Lärm, räumliche Enge, zwischenmenschliche und Rollenkonflikte. Neben dem traditionellen Arbeitsschutz gehören auch Strategien der Organisationsentwicklung dazu, wodurch Mitarbeiter_innen bei dem Gestaltungsprozess gesundheitsförderlicher Strukturen selbst aktiv beteiligt werden, z. B. dem Gesundheitszirkel (WESTERMAYER, BÄHR 1994). Zu strukturellen Maßnahmen gehören ferner Fort- und Weiterbildungen des Personals zur fachlichen Qualifikation, zur Teamentwicklung, zum Konfliktmanagement sowie der Aufbau von transparenten Beurteilungs- und Rückmeldungssystemen (vgl. KALUZA 2011, 56).

Letztere nützen zusätzlich, um **persönliche Stressverstärker** abzubauen, ebenso wie die Reflexion bzw. Veränderung überindividueller Normen, offener und geheimer Gratifikationssysteme, welche unter Umständen ein langfristig ungesundes Leistungsverhalten fordern oder belohnen können. In diesem Zusammenhang ist es wichtig eine Führungskultur zu etablieren, in der Gesundheitsförderung als Führungsaufgabe aufgefasst wird, da Führungskräfte großen Einfluss auf Arbeitszufriedenheit, Leistungsbereitschaft und körperliches sowie seelisches Wohlbefinden haben (vgl. ebd., 56f.). Jedoch weisen GERARDI et al. darauf hin, dass es nicht Aufgabe von Führungskräften ist, die Beschäftigten zu therapieren. Hier steht die Fürsorgepflicht im Vordergrund und beinhaltet das Erkennen, Ansprechen und Anbieten von Unterstützung, um die Manifestierung erster Symptome zu vermeiden (vgl. 2014, 23f.).

Zur Regulierung von **Stressreaktionen** können Mitarbeiter_innen in ihren Bemühungen zum regenerativen Stressmanagement unterstützt bzw. ihnen diese erleichtert werden. Dies könnte die Einführung von aktiven Bewegungspausen, von innerbetrieblichen Wellnessangeboten oder auch von Anreizsystemen zur Teilnahme an Bewegungs- und Entspannungsprogrammen beinhalten. Überdies sind flexible Gestaltungsmöglichkeiten der Arbeitszeiten und   -bedingungen sowie die Bereitstellung von Kinderbetreuungsangebote hilfreich, um die Vereinbarkeit von Arbeit und Familie zu verbessern (vgl. Kaluza 2011, 56f.).

In der Praxis werden einige dieser Strategien bereits umgesetzt. Die Deutsche Gesellschaft für Personalführung befragte Personaler einerseits, welche Maßnahmen sie in ihrem Unternehmen aktuell einsetzen, und andererseits, zu wie viel Prozent sie diese positiv, also als sinnvoll und wirksam, bewerten. Dabei ist interessant, dass die vier am positivsten bewerteten Maßnahmen nicht zu den am häufigsten angewendeten gehören, sondern im mittleren und unteren Feld zu finden sind (92% individuell Belastungs-/ Beanspruchungsanalyse, je 88% Delegation an externe Experten, Teambuilding-Maßnahmen, klare Arbeitsstrukturen und Verantwortungen; vgl. 2011, 17).

Zusätzlich zu den hier aufgeführten Möglichkeiten schlägt die DGFP weitere vor, besonders um psychische Beanspruchung zu erkennen. Zu diesem Zweck verhelfen Praxisbeispiele zur Anschaulichkeit und ein Gesprächs- und Handlungsleitfaden kann zusammen mit einer verbesserten Kenntnis über Fehlbelastungssymptome Handlungsmöglichkeiten aufzeigen (vgl. ebd., 19)[11].

Von der strukturellen Ebene wird der Blick nun wieder auf das Individuum gerichtet. Nachfolgend wird das Salutogenese-Modell in direkten Zusammenhang mit Stressbewältigung gestellt und deren Wirkung anhand von empirischen Untersuchungen aufgezeigt.

4.6 Stressbewältigung und Salutogenese

Das Konzept der Salutogenese basiert auf der Idee der Heterostase. Dies schließt ein, dass auf den Menschen lebenslang Unmengen an Reizen einströmen, die eine Spannung erzeugen und eine Reaktion erforderlich machen. Wie im transaktionalen Stressmodell ist die Bewertung des Reizes ausschlaggebend und nicht der Reiz an

---

[11] Einen solchen Leitfaden hat die DGFP entwickelt (vgl. DGFP 2011a).

sich. Diese Einschätzung wird in allen Bewältigungsphasen maßgeblich vom Kohärenzgefühl beeinflusst:

Menschen mit einem ausgeprägten SOC werden Reize häufiger als Nicht-Stressoren bewerten. Dadurch werden sie entweder als unwichtig oder als positive Herausforderung betrachtet. Die Wahrnehmung der stresshaften Situation erfolgt strukturierter und vorhandene Ressourcen werden als ausreichend für eine Bewältigung betrachtet. Durch das große Repertoire an Coping-Strategien kann die geeignete ausgesucht, flexibel eingesetzt und die Spannung gesenkt werden. Diese Personen erleben eine große Sicherheit, weil sie sich auf ihre Methoden zum Umgang mit der Situation verlassen und diese auch auf Wirksamkeit überprüfen können (vgl. FRANKE 2012, 178).

Dagegen schätzen **Personen mit schwach ausgeprägtem SOC** Reize häufig als Stressor ein und nehmen ihn häufiger als bedrohlich wahr. Sie können die Situation weniger differenziert einschätzen und erfahren dadurch eher emotionale Verwirrung. Da sie über weniger Ressourcen verfügen, müssen sie aus wenigen Strategien eine auswählen und neigen (gezwungenermaßen) dazu starr an ihren Lösungsversuchen festzuhalten (vgl. ebd.). Gleichzeitig schweben diese Personen in Gefahr immer schwächer zu werden, da sie durch fehlende GWR nicht im Stande sind den Stressoren zu entgehen und infolgedessen keine Erfolge in Umgang mit Stressoren erlangen können. Was für Menschen mit starkem Kohärenzgefühl als trivial oder als eine nette Herausforderung eingeordnet wird, stellt für eine Person mit niedrigem SOC eher einen Stressor dar, der über ihre Ressourcen hinausgeht. Unter Umständen versteht diese Person nicht, was von ihr verlangt wird, und kann nicht einschätzen was zu tun ist und wo das alles hinführt (vgl. FRANKE 2012, 180). Abbildung 17 (S. 64) verdeutlicht diese Unterschiede.

Dabei ist es interessant, dass ANTONOVSKY auf LAZARUS Stressmodell aufbaut (zum Vergleich: Abbildung 9, S. 43). Allerdings spaltet er in seinem Modell die beiden Einschätzungsprozesse der primären Bewertung noch auf (ob stresshaft und welche Art), und ergänzt eine tertiäre Bewertung, in welcher das weitere Vorgehen beurteilt und eine Weiterentwicklung der Bewältigungsstrategien überprüft wird. Ergänzend wird die Möglichkeit ständiger Neubewertung verdeutlicht und dass die primäre Bewertung 1 ausschlaggebend für die Ermittlung der Position im Gesundheits-Krankheits-Kontinuum ist.

Folgende ausgewählte Untersuchungen bestätigen ANTONOVSKYs Befunde.

In einer Studie von MCSHERRY und HOLM (1994) konnte ein Zusammenhang zwischen dem Ausmaß von wahrgenommenem Stress und dem Kohärenzgefühl belegt werden. So reagierten Studierende (N=60) mit starkem und mittlerem SOC deutlich weniger gestresst und zeigten geringere körperliche Reaktionen auf den Stressreiz, als solche mit einem niedrigen Kohärenzgefühl (vgl. BENGEL et al. 2001, 47).

Zwei Jahre später führten BARO, HARPER, WAGENFELD und GALLAGHER eine Untersuchung mit 126 pflegenden Angehörigen von dementen oder dauerhaft körperlich erkrankten Menschen durch. Befragte mit einem niedrigen SOC-Wert fühlten sich von den Pflegeausgaben überfordert und wählen meist ungünstiges Bewältigungsverhalten, wie z. B. sozialer Rückzug oder Medikamenteneinnahme. Im Gegensatz dazu verfügten die Befragten mit ausgeprägtem SOC über die Fähigkeit ihrem Handeln einen Sinn zu geben. Zusätzlich dazu fanden DRAGOOR und FLORIAN (1994) sowie RENA, MOSHE und ABRAHAM (1996) heraus, dass ein starkes Kohärenzgefühl die Anpassung an schwierige Lebenssituationen vereinfacht, wie die Pflege erkrankter Angehöriger und von Menschen mit Behinderung (vgl. BENGEL et al. 2001, 47f.).

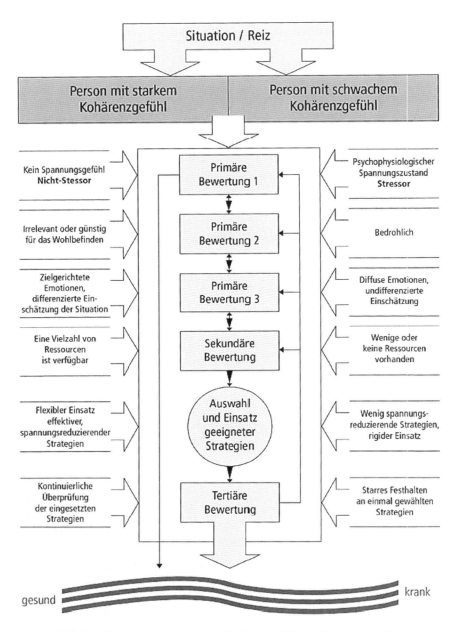

Abbildung 17 - Zusammenhang von Kohärenzgefühl und Stressverarbeitung nach ANTONOVSKY** (F**RANKE** 2012, 179)**

Einen Zusammenhang von SOC und Gesundheitsverhalten konnte bisher nicht nachgewiesen werden, da Untersuchungen keine einheitlichen, teils sogar widersprüchliche Ergebnisse präsentierten (vgl. ebd., 48f.).

Auch sozio-kulturelle und sozio-demografischen Einflüsse sind interessant in Bezug auf das individuelle Stressbewältigungsverhalten. Nach ANTONOVSKY ist die Ausprägung des Kohärenzgefühls unabhängig von diesen Einflüssen. Nur die Teilhabe an Entscheidungsprozessen ist ausschlaggebend für die Entwicklung und Aufrechterhaltung des Kohärenzgefühls. Dabei müssen die Entscheidungsprozesse sozial wertgeschätzte Tätigkeiten betreffen (vgl. ebd., 50) Folgende Studien haben dies überprüft:

Nach ANTONOVSKY soll das Kohärenzgefühl im Alter stabil sein. Jedoch zeigen Untersuchungen zahlreicher Wissenschaftler (CALLHAN, PINCUS 1995; FRENZ et al. 1994; LARSSON, KALLENBERG 1996; SACK et al. 1997; RIMANN, UDRIS 1998), dass das SOC im Alter sogar noch steigt. Allerdings fehlen dazu noch Längsschnittstudien, da beispielsweise der SOC-Ausgangswert nicht berücksichtigt wurde (vgl. BENGEL et al. 2001, 51; FRANKE, WITTE 2009, 9).

Ein Zusammenhang zwischen SOC und Geschlecht konnte bisher noch nicht eindeutig nachgewiesen, jedoch auch nicht ausgeschlossen werden (vgl. BENGEL et al. 2001, 50f.).

Interessanterweise konnte keine Beziehung zwischen SOC und Bildungsniveau darlegt werden, dafür aber zwischen SOC, Beschäftigungsart und Einkommen. LARSSON & KALLENBERG entdeckten in einer Studie im Jahr 1996, dass bei Selbstständigen, Angestellten und Personen mit höherem Einkommen, im Vergleich zu Arbeitnehmer_innen und Personen mit niedrigerem Einkommen, deutlich höhere SOC-Werte zu verzeichnen waren. Kurz darf konnten eine schwedische (LUNDBERG 1997) und eine schweizerische Studie diesen Befund bestätigen. Sie ermittelten eine positive Wechselwirkung zwischen dem Kohärenzgefühl mit größeren beruflichen Tätigkeitsspielräumen und höheren Positionen innerhalb des Betriebs. So konnte im oberen und mittleren Management das höchste und bei Hilfsarbeiter_innen das niedrigste SOC-Niveau ermittelt werden. Allerdings sind diese Werte schwierig zu interpretieren, da die Kategorien Bildungsstand, sozio-ökologischer Stand und die Art der Berufstätigkeit vermischt werden. Bisher gibt es keine Studien, die einen Zusammenhang zwischen diesen drei Kriterien nachweisen konnten (vgl. BENGEL et al. 2001, 51f.).

Da durch die SOC-Stärkung nachweislich die Stressbewältigungskompetenz gesteigert werden kann, wird nachfolgend erläutert, wie die methodische Umsetzung zur Förderung des Kohärenzgefühls gestalten werden kann.

4.7 HEDE-Training von FRANKE und WITTE als Methodenbeispiel zur Stressbewältigung

4.7.1 Einstieg

Die Psychologin Dr. ALEXA FRANKE arbeitete viele Jahre an psychologischen Instituten verschiedener Universitäten und war von 1991 bis 2011 Professorin für Rehabilitationspsychologie an der TU Dortmund. Neben der klinischen Psychologie ist ihr zweiter Schwerpunkt die Gesundheitspsychologie. Durch die Übersetzung von ANTONOVSKYS Hauptwerk hat sie entscheidend dazu beigetragen das salutogenetische Konzept zu verbreiten und in die Praxis umzusetzen. Dr. MAIBRITT WITTE arbeitete von 1991 bis 2000 als wissenschaftliche Mitarbeiterin am Fachbereich Rehabilitationspsychologie an der TU Dortmund und setzte sich im Rahmen von Forschungsprojekten und ihrer Dissertation mit dem Modell der Salutogenese auseinander. Seit 2003 ist sie in ihrer eigenen Praxis und in einer onkologischen Rehabilitationsklinik tätig (vgl. FRANKE, WITTE 2009, I).

Das Modell der Salutogenese wurde an der TU Dortmund seit 1997 in verschiedenen Projekten erforscht und weiterentwickelt. Trotz vieler unterschiedlicher Fragestellungen und Untersuchungsgruppen stellte sich das SOC bei allen als ausschlaggebende Komponente für die körperliche und geistige Gesundheit heraus. Diese Daten wurden durch internationale Studien bestätigt (ERIKSSON 2007) und:

> „stärkte[n] unsere Überzeugung, dass das Kohärenzgefühl eine wichtige Variable ist, die Menschen befähigt, Anforderungen zu meistern, weniger Stress zu erleben, gelassener zu sein, gesünder zu bleiben." (FRANKE, WITTE 2009, 7)

Auf die Frage hin wie das SOC gesteigert werden könne, entwickelten FRANKE und WITTE das **HEDE**-Training. Der Name ist ein Wortspiel aus den Polen des Gesundheits-Krankheits-Kontinuum Health-**E**ase und **D**is-**E**ase (vgl. ebd.). Es ist ein psychologisches Trainingsprogramm zur Gesundheitsförderung auf Basis von ANTONOVSKYS Salutogenese-Modells. Wie das SOC gestärkt werden kann, bei gesunden Menschen sowie solchen mit gesundheitlichem Risiko, ist empirisch nicht ausreichend nachgewiesen. Dies könnte daran liegen, dass ANTONOVSKY selbst zur Stärkung des SOC widersprüchliche Angaben gemacht hat. Einerseits hebt er die dynamische Eigenschaft des Gefühls hervor, andererseits ist es eine langfristig andauernde, stabile globale Orientierung, die sich ab den 30. Lebensjahr nicht gravierend ändert. Wie im vorangegangenen Kapitel beschrieben ist nachgewiesen, dass das Kohärenzgefühl im Alter noch leicht steigt, doch welche Variablen genau Einfluss auf diesen Zusammenhang haben, wurde nicht erforscht (vgl. FRANKE, WITTE 2009, 9).

Für eine gesundheitsförderliche Einflussnahme auf das SOC, die nicht dem altersbedingten Normalverlauf entspricht, sondern willentlich herbeigeführt wurde, gibt ANTONOVSKY zwei Möglichkeiten. Zum einen die jahrelange Entwicklung von positiven Mustern der Lebenserfahrung, die die Widerstandsressourcen fördern und damit auch das Copingverhalten und Stressbewältigungserfahrungen positiv beeinflussen. Zum anderen können therapeutische Maßnahmen helfen, Erfahrungen neu zu interpretieren, wodurch neue SOC-förderliche Erfahrungen entstehen können (z. B. kognitive Verhaltenstherapie). Die meisten Studien konnten durch Psychotherapie eine positive Veränderung des Kohärenzgefühls verzeichnen, allerdings nur im kleinen Umfang, und zeitlich wenig stabil. Zusätzlich hatten die psychotherapeutischen Maßnahmen keinen Bezug zur salutogenetischen Theorie.[12] Das HEDE-Training soll das Kohärenzgefühl stärken, indem gezielt die Teilvariablen Bedeutsamkeit, Handhabbarkeit und Verstehbarkeit gefördert werden (vgl. FRANKE; WITTE 2009, 10).

4.7.2 Ziele und Inhalte

Das übergeordnete Ziel ist die **Stärkung des Kohärenzgefühls** und damit verbunden die Förderung des gesundheitlichen Status einer Person. Durch Aktivierung der Widerstandsressourcen soll eine erfolgreiche Stressbewältigung herbeigeführt werden und in Form einer positiven Feedbackschleife das SOC weiter und nachhaltig stärken (vgl. ebd., 13).

Die Teilnehmer_innen setzen sich mit dem Salutogenese-Modell auseinander, erweitern ihr Verständnis von Gesundheit und reflektieren eigene subjektive Gesundheits-

---

[12]*positive Effekte*: SACK, KÜNSEBECK, LAMPRECHT 1997; LUTZ et al. 1998; LANGELAND et al. 2006; WIESMANN et al. 2006; LAZAR, SANDELL, GRANT 2006; SCHIEPECK et al. 2001; *keine Effekte*: BRODA et al. 1996

theorien. Darüber hinaus setzen sie sich mit ihren persönlichen Aufgaben, Belastungen, individuellen Ressourcen und Unterstützungspotenzialen aus ihrem sozialen Umfeld auseinander. Die Teilnehmer_innen reflektieren welche Lebensbereiche für sie persönlich bedeutsam sind und daraus folgend für welche Aufgaben sie sich engagieren wollen und wer oder was für sie Bedeutung hat. Ferner lernen sie eigene Wünsche und Bedürfnisse selbstsicher zu äußern, sowie unbekannte, schwierige Situationen besser analysieren und einschätzen zu können. Darauf aufbauend studieren sie neue Verhaltensweisen zum Umgang mit Belastungen ein und erweitern damit ihr Handlungsrepertoire. Die Teilnehmer_innen lernen Bereiche, in denen sie sich über- oder unterfordert fühlen zu erkennen und erwerben Strategien, um eine Belastungsbalance herzustellen und ihr Wohlbefinden zu steigern (vgl. ebd).

4.7.3 Zielgruppe und Teilnehmer_innen

Das HEDE-Training eignet sich für erwachsenen Menschen:

allgemein, die

☐ Möglichkeiten zum besseren Umgang mit Alltagsbelastungen suchen,

☐ ihre Gesundheit verbessern,

☐ ihr Wohlbefinden steigern,

☐ ihre gesundheitlichen Ressourcen erweitern möchten und

☐ mental und körperlich zu einer Teilnahme fähig und bereit sind (z. B. Beteiligung an Übungen).

besonders, die

☐ sich gerade neuorientieren oder an eine Lebensphase anpassen,

☐ sich stark gestresst bzw. von ihren Belastungen überwältigt fühlen,

☐ mit chronischen Erkrankungen, um bei der Stärkung der gesunden Anteile unterstützt zu werden und

☐ deren SOC durch akute oder chronische Belastungen gefährdet ist.

Abbildung 18 - Zielgruppe des HEDE-Trainings (eigene Darstellung; vgl. FRANKE, WITTE 2009, 15)

Die optimale Gruppengröße liegt bei zwölf Personen. Jede Gruppe wird von zwei Trainer_innen geleitet. Diese haben dafür Sorge zu tragen, dass Trainingsinhalte (z. B. die Arbeitsmaterialien[13]) immer an die aktuellen Teilnehmer_innen angepasst sind:

---

[13] FRANKE und WITTE haben umfangreichen Arbeitsmaterialteil von 52 Seiten mit Hausausgaben, Arbeitsblättern und Erläuterungen zur Theorie erstellt, von denen alle Kursbeteiligte profitieren können.

„Grundsätzlich gilt: Das Training muss an die Bedürfnisse der Teilnehmerinnen und Teilnehmer angepasst werden, nicht umgekehrt!" (FRANKE, WITTE 2009, 15)

Um herauszufinden, ob eine Zusammenarbeit möglich ist, empfehlen FRANKE und WITTE ein Vorgespräch. Dort sollen die Motivation, das Interesse zur Teilnahme und die Ziele der Interessent_innen abgeklärt werden sowie Informationen zum Training gegeben und falsche Erwartungen aufgedeckt werden.

4.7.4 Aufbau

Das HEDE-Training besteht aus zehn Sitzungen, die je zwei Stunden dauern. In Abbildung 19 wird dazu ein Überblick gegeben:

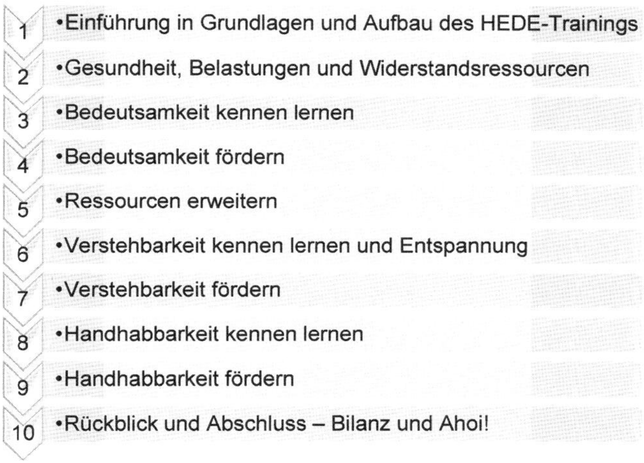

1 • Einführung in Grundlagen und Aufbau des HEDE-Trainings

2 • Gesundheit, Belastungen und Widerstandsressourcen

3 • Bedeutsamkeit kennen lernen

4 • Bedeutsamkeit fördern

5 • Ressourcen erweitern

6 • Verstehbarkeit kennen lernen und Entspannung

7 • Verstehbarkeit fördern

8 • Handhabbarkeit kennen lernen

9 • Handhabbarkeit fördern

10 • Rückblick und Abschluss – Bilanz und Ahoi!

Abbildung 19 - Aufbau des HEDE-Trainings
(eigene Darstellung in Anlehnung an FRANKE, WITTE 2009, 16)

Die Teilnehmer_innen bekommen zu allen Inhalten Handouts und erarbeiten das Thema ansonsten durch Übungen in Kleingruppen, Diskussionen oder Rollenspielen. Dabei wird immer an den Fragestellungen der Teilnehmer_innen geübt. Mit Ausnahme der ersten und letzten Sitzung werden bei jedem Termin zuerst die Hausaufgaben besprochen, dann theoretische Kenntnisse vermittelt und dazu Übungen durchgeführt. Danach werden neue Hausaufgaben aufgeben, von jeder Person eine Blitzlichtaussage gegeben und abschließend die Sitzung bewertet (vgl. FRANKE, WITTE 2009, 16f.).

Die Hausaufgaben dienen dem Erlernen der Trainingsinhalte und der Integration dieser in den (Arbeits-)Alltag. Durch die Besprechung der Hausaufgaben zu Beginn jeder Sitzung können Lernfortschritte überprüft, Erfolge rückgemeldet und die Motivation gestärkt werden. Darüber hinaus geben sie Hinweise auf Probleme und Schwierigkeiten bei der Alltagsintegration der neuen Bewältigungsstrategien (vgl. ebd., 17).

Damit die Teilnehmer_innen einen maximalen Nutzen aus dem Training ziehen können, sollten sie die theoretischen Hintergründe zum Salutogenese-Modell gut kennen. Alle Übungen basieren darauf und werden im Vornherein erläutert. Dadurch können die Salutogenese-Inhalte auf die eigene Person übertragen, neue Erfahrungen vermittelt, Verhaltensweisen erprobt sowie die persönlichen Einstellungen und Werte reflektiert werden (vgl. ebd., 17).

Das Blitzlicht ist eine „kurze Bestandsaufnahme, die zum Abschluss der Sitzung einen Eindruck von der Stimmung in der Gruppe vermittelt." (FRANKE, WITTE 2009, 17) Dort können die Teilnehmer_innen kurz sagen, was sie denken, fühlen oder ihnen Unmut bereitet. Zu guter Letzt bewertet jede Person vor der Gruppe, was ihr diese Sitzung persönlich gebracht hat (vgl. ebd.).

Da eine genaue Erläuterung der zehn Sitzungen den Rahmen dieser Arbeit übersteigt, wird im Folgenden beispielhaft die zweite Sitzung und ein wichtiger Teil der dritten Sitzung veranschaulicht. Abbildung 20 zeigt dazu die Vorgabe von FRANKE und WITTE für Sitzung zwei. Jeder Ablaufpunkt ist auf drei weiterführenden Seiten näher erläutert (vgl. 2009, 23-26)

Ablauf	Ziele	Zeit	Trainer-Verhalten	Materialien
Besprechen der Hausaufgabe Gesundheitskurve HEDE-Kontinuum Fragen zum Text	Die Teilnehmer machen sich klar, wann sie sich gesund und krank fühlten und von welchen Faktoren dies abhängig war bzw. ist	20	Hausaufgaben möglichst integriert besprechen, die Reihenfolge ist unwichtig; Wichtige Ergebnisse, Erkenntnisse und offene Fragen auf der Wandzeitung notieren	Wandzeitung
Gesundheitscafé Subjektive Bewertung der Gesundheit Persönliche Aufgaben und Belastungen Eigene Ressourcen	Die Teilnehmer lernen, dass sie über unterschiedliche Ressourcen verfügen Durch die Café-Atmosphäre werden möglicherweise vergessene Ressourcen aktiviert Die Teilnehmer werden sich über ihre Aufgaben und Belastungen klar	55	Klare Anleitung des Spiels	Tische für jeweils vier Personen mit „Tischdecken" aus Papier belegt; Stifte zum Notieren, Kekse, Dekoration; Wandzeitung für Fragen der Gesprächsrunden
Theoriegeleitete Auswertung des Gesundheitscafés	Die Teilnehmer lernen die unterschiedlichen Dimensionen von Gesundheit kennen Sie verstehen den Unterschied von Belastung und Herausforderung	15	Zusammenhänge zwischen den Ergebnissen des Gesundheitscafés und den theoretischen Grundlagen erklären	Wandzeitung
Theorie: Widerstandsressourcen	Die Teilnehmer lernen das Konzept der Widerstandsressourcen kennen	15	Teilnehmer anregen, weitere gesellschaftliche bzw. individuelle Widerstandsressourcen zu finden	Folien 9, 10; Wandzeitung
Hausaufgabe Text zu Widerstandsressourcen lesen Aufgaben, Belastungen und Ressourcen	Die Teilnehmer verdeutlichen sich ihre persönliche Situation bzgl. ihrer Aufgaben, Belastungen und Ressourcen	5		Handout Widerstandsressourcen (M 2-1); Aufgaben, Belastungen und Ressourcen (H 2-1)
Blitzlicht		5		
Bewertung der Stunde		5		Zielscheiben (M x); Bewertungspunkte

Abbildung 20 - Zweite Sitzung: Gesundheit, Belastungen und Widerstandsressourcen (FRANKE, WITTE 2009, 23)

Bei der Hausaufgabenbesprechung wird gesammelt wann sich jede Person in ihren Leben auffallend gesund oder krank gefühlt hat. Währenddessen werden wichtige Ereignisse, Erkenntnisse und offene Fragen an einer Stellwand festgehalten. Darauf folgt ein Gesundheitscafé, das sich an der Methode World-Café (BROWN, ISAACS 2007) orientiert. An vorbereiteten Tischen, mit bemalbaren Decken, Stiften und Knabbereien bearbeiten die Teilnehmer_innen in drei Spielrunden Fragen. Diese umfassen Themen der subjektiven Bewertung von Gesundheit, persönlichen Aufgaben und Belastungen sowie eigenen Ressourcen. Arbeitsergebnisse werden auf die Tischdecken geschrieben, im Anschluss besprochen und auf einer Wandzeitung zusammengefasst. Dabei werden auch Verknüpfungen zu theoretischen Bezügen hergestellt. Ein besonderes Augenmerk wird bei der Auswertung auf den Unterschied zwischen Belastung und Herausforderung gelegt. Anschließend wird das Konzept der generalisierenden Widerstandsressourcen nach ANTONOVSKY erklärt und Verbindungen zu den an der Wandzeitung aufgeführten Ressourcen verdeutlicht. Zu allen Ebenen der GWR werden anschauliche Beispiele gesammelt. Danach werden die Hausaufgaben für die nächste Sitzung ausgegeben, zu der sie einen vorbereiteten Theorietext bzgl. der GWR lesen und die Ergebnisse des Gesundheitscafés vertiefen sollen. Dies erreichen sie durch Überlegungen zu ihren persönlichen Aufgaben, Belastungen und Ressourcen in ihrem Alltag. Mit dem Blitzlicht und der Bewertung der Stunde wird das Treffen abgeschlossen (vgl. ebd., 24-26).

In der darauffolgenden Sitzung wird ein für diese Arbeit sehr interessanter Abschnitt bearbeitet: die Vorstellung des Kohärenzgefühls und wie dieses zu steigern ist. Dabei kristallisieren sich die in Abbildung 21 dargestellten Schwerpunkte heraus:

Kohärenzgefühl steigern durch		
Verstehbarkeit	**Handhabbarkeit**	**Bedeutsamkeit**
• Konsistenz	• Belastungsbalance	• Teilhabe

Abbildung 21 - Möglichkeiten zur Stärkung des Kohärenzgefühls
(eigene Darstellung in Anlehnung an FRANKE, WITTE 2009, 69)

Die **Verstehbarkeit** wird gestärkt, indem ein hohes Maß an Konsistenz im (Berufs-)Alltag erreicht wird. Das bedeutet einen gewissen Umfang an Regelhaftigkeit bei Abläufen und dass gewisse Dinge in Routinen ablaufen, sich wiederholen und zusammenpassen. Zusammenhänge sollten dabei erkenn- und erklärbar sein. Doch trotz bester Organisation und Planung geschieht immer wieder Neues und Ungeplantes, bei dem die Person unsicher ist, wie sie reagieren soll. Es ist dabei wichtig sich in Ruhe ein Bild von der unklaren Situation zu machen und weiter Informationen zu sammeln, durch z. B. das eigene Wissen, Kolleg_innen, Bücher oder Internet (vgl. FRANKE, WITTE 2009, 67). Hilfreiche Fragen dazu könnten sein:

- *„Wer ist an der Situation außer mir noch beteiligt?*
- *Was möchte ich erreichen, worum geht es mir?*

- *Was möchten die anderen erreichen, worum geht es ihnen?*
- *Wofür trage ich die Verantwortung?*
- *Wofür sind die anderen verantwortlich?*
- *Was möchte ich tun und welche Konsequenzen wird mein Verhalten kurzfristig/ langfristig haben?*
- *Habe ich eine ähnliche Situation schon einmal erlebt?*
- *Wenn ja: Was habe ich damals richtig gemacht? Kann das auch dieses Mal helfen?*
- *Was habe ich bisher in vergleichbaren Situationen falsch gemacht? Welchen Fehler sollte ich vermeiden?"* (ebd.)

Für die **Handhabbarkeit** ist die Erweiterung des Handlungssektrums zentral. Dies geschieht durch das Kennenlernen und Ausprobieren neuer Bewältigungsstrategien, wie z. B. selbstsicher die eigenen Interessen zu vertreten, Forderungen zu stellen, oder unberechtigte bzw. überfordernde Forderungen zurückweisen. Dazu gehört auch sich von anderen Menschen Hilfe zu holen, Aufgaben zu delegieren oder anderen anzuvertrauen. Es darf nicht außer Acht gelassen werden, dass es für eine Vorbereitung auf Belastungen notwendig ist, sich ausreichend zu erholen, sich etwas Gutes zu tun und damit eine Balance zwischen den Belastungen herzustellen. In diesem Zusammenhang ist es interessant, dass auch Unterforderung durch langweilige Routinearbeiten oder zu viel abgenommene Arbeit (z. B. überführsorgliche Eltern) die Handhabbarkeit eingeschränkt sein kann. Besonders dann ist es wichtig Räume zu schaffen, um die eigenen Fähigkeiten zu erproben und zu überprüfen (vgl. FRANKE, WITTE 2009, 68f.). Hier zeigt sich eine Verbindung zum Anforderungs-Kontroll-Modell, da durch ein selbstsicheres Vertreten der eigenen Interessen sowohl Handlungsspielräume klar abgegrenzt und ausgetestet, als auch Anforderungen reguliert werden können. Die Erweiterung des Handlungsspielraums durch neue, flexible einsetzbare Strategien trägt sowohl dazu bei eine gute Balance zwischen Anforderungen und Kontrollmöglichkeiten als auch zwischen Belastungen und Ruhephasen zu gewährleisten.

Um mit der persönlichen Energie zu haushalten, ist es wichtig sich zu überlegen, was einem selbst wichtig ist (**Bedeutsamkeit**) und sich demgemäß zielgerichtet zu engagieren. Dazu könnten folgende Beispielfragen hilfreich sein:

- „*Was möchte ich (noch) erreichen? Was möchte ich (noch) erleben?*

- *Wo lohnt sich mein Engagement, wo kann ich Einfluss nehmen und in welchen Bereichen ist dies nicht der Fall?*
- *Wo kann ich meine Energie sparen? Woran kann ich nichts ändern?*
- *Wo zähle ich? Wo kommt es auf mich an?*" (ebd., 69)

Angesichts dessen ist es elementar diese Bedeutsamkeit auch in den individuell wichtigen Lebensbereichen zu erleben. Für die meisten Menschen sind dies Arbeit und Familie. Nur wenn die Erfahrung gemacht wird, in diesen Bereichen wichtig zu sein, teilzuhaben und etwas bewirken zu können, kann das Gefühl von Bedeutsamkeit gefördert werden (vgl. ebd.).

Hier zeigen sich Parallelen zum arbeitspsychologischen Modell beruflicher Gratifikationskrisen. Wird für die geleistete Arbeit nicht genügend Wertschätzung zurückgegeben - macht es einen Unterschied, ob man da ist oder nicht - wirkt sich dies negativ auf das SOC aus und lässt die Person langfristig näher zum Krankheitspol rücken.

4.7.5 Evaluation

Zur Überprüfung der Trainingseffekte füllt jede teilnehmende Person vor und nach dem Training einen Evaluationsbogen aus. Dieser ist zusammengestellt aus einer Kurzfassung von ANTONOVSKYs Fragebogen zur Lebensorientierung, dem *General Health Questionnaire* (GHQ-12) zur Identifikation psychischer Belastungen sowie Fragen zum körperlichen Befinden und zur subjektiven Wahrnehmung alltäglicher Belastungen. Abschließend werden Alter und Geschlecht der befragten Person erfasst. Die Ergebnisse werden personenbezogen codiert, wahren aber dennoch die Anonymität, und geben Erkenntnisse welche Bereiche am belastetsten sind bzw. waren und wo die größten Veränderungen erreicht wurden. FRANKE und WITTE äußern den Wunsch die Bögen an sie weiterzuleiten, um das HEDE-Training fortwährend verbessern und evaluieren zu können (vgl. 2009, 99, 108).

4.7.6 Diskussion des Konzepts

Das HEDE-Training ist **methodisch sehr gut aufbereitet** und nicht zuletzt durch das umfangreiche Material von über 50 Seiten sehr anschaulich dargestellt. Der geplante **Ablauf** eines Trainings erschließt sich sehr gut. Auch unerfahrene Teilnehmer_innen werden bestmöglich an das Salutogenese-Modell herangeführt. Infolgedessen wird das Verständnis für die einzelnen Dimensionen der Salutogenese erarbeitet, so dass jede Person sie auf ihr eigenes Leben übertragen kann und anschließend förderliche Stressbewältigungsstrategien zusammengetragen, im Alltag ausprobiert und deren gemeinsam Wirkung reflektiert werden kann. Überdies hilft das HEDE-Training die eigenen Reaktionen auf den drei Verhaltensebenen körperlich, kognitiv-emotional und behavioral zu beobachten und zu reflektieren.

Auf den ersten Blick könnte das Training eventuell alleine im Selbstversuch anhand des Manuals durchgearbeitet werden, eben weil es methodisch sehr gut vorbereitet ist, doch dies wäre gegenläufig zur Konzeption. Der **Gruppenkontext** hat eine enorme Bedeutung für die Stärkung des Selbstbewusstseins, den Gruppenzusammenhalt, für Feedbackmöglichkeiten, dem sozialen Vergleich mit anderen und dem Gefühl der Geborgenheit. Diese Komponenten fördern positive Neubewertungen von Situationen. Doch nicht nur der soziale Rückhalt sondern auch die Regelmäßigkeit der Treffen macht eine Implementierung neu erlernter Verhaltensweisen und Strategien in den Alltag leichter.

Zehn Sitzungen scheinen einen guten **Zeitrahmen** für eine Verinnerlichung der Inhalte und Überführung im Alltag zu geben. Es wird nichts über den Rhythmus der Veranstaltungen gesagt, deswegen wird vermutet, dass diese angepasst an die Bedarfe der Teilnehmer_innen wöchentlich oder in Blockveranstaltungen stattfinden. Zudem wäre ein späteres Reflexionstreffen anregend, beispielsweise ein halbes Jahr nach Kursende, um sich über eine dauerhafte Alltagsintegration austauschen zu können und erneut Veränderungsmotivation zu schüren.

Sehr interessant an diesem Programm ist die offene Formulierung der **Zielgruppe**. Doch obwohl das Training für alle Menschen offen steht, wäre eine Bildung von Schwerpunktgruppen, z. B. Führungskräfte in Sozialberufen, hilfreich, da ähnliche Themen einen Mehrgewinn für alle Teilnehmer_innen bringen könnten.

Des Weiteren verdeutlicht die Zielstellung eine Zugehörigkeit zum **Regulationskompetenzmodell**, da die Bewältigung durch eine Kompetenzsteigerung erreicht wird. Doch es schließt auch das **Selbstaktualisierungsmodell** mit ein, z. B. wenn Belastungen durch das selbstbestimmte Priorisieren von Werten, Zielen und Aufgaben oder durch das selbstsichere Vertreten der eigenen Interessen und Bedürfnisse bewältigt werden. Ergänzend werden auch Fragen des Sinnerlebens und der Bedeutsamkeit im Alltag und im persönlichen Handeln angesprochen. Folglich kann auch eine Verbindung zum **Sinnfindungsmodell** hergestellt werden. Damit gelingt es FRANKE und WITTE sowohl die gängigsten Gesundheitsmodelle als auch die aussichtsreichste Gesundheitstheorie sinnvoll zu verbinden.

Die Nähe der Salutogenese, und folglich auch zum HEDE-Training, zu LAZARUS' transaktionale Stressmodell wurde bereits Kapitel 4.6. verdeutlicht. Doch lassen sich auch sich auch Verbindungen zu den **arbeitspsychologischen Stresskonzepten** erkennen. Die Idee des Modells beruflicher Gratifikationskrisen ist durch die intensive Bearbeitung der Bedeutsamkeit im Trainingsprogramm integriert. Durch die Stärkung der Handhabbarkeit und Sicherstellung der Anforderungsbalance zeigt sich der Einbezug des Anforderungs-Kontroll-Modells.

Das HEDE-Training wird zur Stärkung der individuellen Stresskompetenz durch Stärkung des Kohärenzgefühls als sehr sinnvoll, hilfreich und gut umsetzbar eingeschätzt.

4.8 Zusammenfassung zum Kapitels „Stressmanagement" und Schlussfolgerungen

In diesem Kapitel konnte verdeutlicht werden, dass es Ziel eines gelungenen Stressmanagements ist, gesundheitsförderlich mit Anforderungen von außen und von der Person selbst umzugehen. Um die eigene **Stresskompetenz** dahingehend auszubauen, bedarf es Bewältigungsstrategien des:

- instrumentellen Stressmanagements, um problembezogen auf Stressoren zu reagieren,
- mentalen Stressmanagements, um emotionsbezogen auf die persönliche Stressbearbeitung einzugehen und stressmindernde Denkmuster zu fördern,
- regenerativen Stressmanagements, um die Stressreaktion zu kontrollieren und regulieren.

Dabei haben sich sowohl positive Neubewertungen als auch das richtige Einschätzen der eigenen Kontrollmöglichkeiten als **effektive Bewältigungsstrategien** herausgestellt. Dazu zählen ein aktives problembezogenes Handeln und das Abfinden mit unabänderlichen Situationen, welches aber nicht gleichbedeutend mit einer Kapitulation ist. Defensive Strategien sind hilfreich, wenn sie zur Anpassung an schwierige Lebenssituationen dienen und regelmäßig aktive Bewältigungsversuche stattfinden, ebenso wie alle expressiven Strategien, die den Ärger beenden, z. B. klärungsorientierte Gespräche oder Humor.

Dagegen stellen sich realitätsfliehende Wunschfantasien, der Konsum von Alkohol und Medikamenten sowie selbstabwertendes Verhalten als **nicht effektive Bewältigungsstrategien**. Mit zu berücksichtigen sind in diesem Zusammenhang auch Strategie zum Unterdrücken oder feindseligem Ausleben von Ärger oder defensive Strategien, wenn sie dadurch das Belastungsniveau dauerhaft erhören.

Ein **effektives Stressmanagement** zeichnet sich durch ein großes Repertoire an Stressmanagementstrategien und einem ausgewogenen Gleichgewicht zwischen den Bewältigungsformen aus, um flexibel auf belastende Situationen reagieren zu können. Dabei ist es zur Entstehung einer Belastungsbalance entscheidend, dass sich Phasen der Aktivierung und Problemlösung von Phasen der Entspannung und Problemdistanzierung abwechseln. Ferner sollte das Verfügen über soziale Kompetenzen, z. B. beim Ausdrücken eigener Gefühle, das Vertreten der eigenen Interessen oder dem aktiven Lösen von Konflikten, nicht unterschätzt werden. In Ergänzung dazu sollten individuelle und strukturelle Stressbewältigungsformen aufeinander abgestimmt sein, um ein erfolgreiches Stressmanagement zu verwirklichen.

Maßnahmen des **strukturellen Stressmanagements** können in der betrieblichen Gesundheitsförderung die Schaffung guter und flexibler Arbeitsbedingungen, die Etablierung einer gesundheitsförderlichen Führungskultur sowie die Unterstützung der Mitarbeiter_innen beim individuellen Stressmanagement sein. Dabei zeigt sich in der Praxis, dass bereits vieles unternommen wird, aber die durchgeführten Maßnahmen nicht die effektivsten sind.

Beim genaueren Blick auf den Zusammenhang zwischen Salutogenese und Stressbewältigung wurde deutlich, dass ANTONOVSKY sein Modell auf Teile von LAZARUS' transaktionalem Stressmodell aufgebaut hat und folglich die Bewertung der Situation von der betreffenden Person ausschlaggebend ist. Stressoren, die für Menschen mit starkem Kohärenzgefühl eher als banal oder als nette Herausforderung eingeschätzt werden, stellen für eine Person mit niedrigem SOC eher eine Belastung dar, die über ihre Ressourcen hinausgeht. Überdies konnte nachgewiesen werden, dass das SOC in Wechselwirkung mit dem Stressempfinden bzw. der Stressreaktion, mit günstigem

Bewältigungsverhalten, dem Alter, der Beschäftigungsart bzw. dem Tätigkeitsspielraum und dem Einkommen steht. Die Bezeichnung des Kohärenzgefühl als „globale Stressbewältigungsressource" (FRANKE 2012, 178) ist demnach berechtigt. Nicht nachgewiesen werden konnte ein Zusammenhang zwischen SOC und Gesundheitsverhalten, Geschlecht oder Bildungsniveau.

Um zu erläutern wie diese Stressbewältigungsressource effektiv genutzt werden und damit das Kohärenzgefühl willentlich gesteigert werden kann, entwickelten FRANKE und WITTE das HEDE-Training-Training. Dieses methodisch sehr gut aufbereitete und klar strukturierte Gesundheitsförderungsprogramm zeigt auf, wie die Teilvariablen des SOC gezielt gefördert werden können. So braucht es für eine Steigerung der Verstehbarkeit eine gewisse Regelhaftigkeit und Strukturiertheit im (Arbeits-)Alltag. Durch die Vermittlung und das Erlernen neuer Bewältigungsstrategien sowie der Schaffung einer Belastungsbalance kann die Handhabbarkeit gefördert werden. Fernerhin wird die Bedeutsamkeit mit gezieltem Einsatz der individuellen Kräfte durch Priorisierung und dem Erleben selbst wichtig bzw. Teil von etwas zu sein, unterstützt.

In diesem Kapitel konnte erläutert werden, welche Möglichkeiten sich Führungskräften bieten, um ihre Arbeitsbelastungen zu erkennen, zu bewältigen sowie ihre Stresskompetenz auszubauen und ihre Gesundheit zu fördern. Damit gibt es Hinweise wie sie ihrer Führungsrolle gerecht werden können. Doch was gehört insgesamt zu den Aufgaben von Führungskräften dazu und welche besonderen Herausforderungen stellen sich für Personen mit Führungsverantwortung im Sozialen Bereich? Dies soll im folgenden Kapitel aufgeklärt werden.

5 Selbstführung im Sozialen Bereich

Viele soziale Einrichtungen sind im sogenannten Nonprofit-Bereich tätig. Die Führung von Nonprofit-Organisationen (NPO) **gleicht** Verwaltungs- und Wirtschaftsunternehmen in der betriebswirtschaftlichen und verwaltungstechnischen Verwaltung. Doch in NPOs wird grundlegend **anders** geführt als in profitorientierten Unternehmen, da die Bedeutung von Werten und Ideologien wesentlich ausgeprägter ist. Demzufolge, und weil die Professionalisierungsanforderungen an Führungskräfte gestiegen sind, ist es für diese wichtig, um die eigenen Besonderheiten und Eigenarten der Einrichtung wissen (vgl. SIMSA, PATAK 2008, 7, 12; SELL, JAKUBEIT 2005, 24). Dabei heben SIMSA und PATAK hervor, dass die Buntheit in der NPO-Landschaft sehr interessant ist und teilweise der Eindruck entsteht, dass es in dem Bereich mehr Unterschiede als Gemeinsamkeiten gibt (vgl. 2008, 8). „Jeder Versuch, sie über einen Kamm zu scheren, misslingt." (ebd.)

Gelebte Führung ist immer sowohl entlastend als auch einengend. Geführte erfahren **Einschränkung** durch eine gewisse Entmündigung, der Begrenzung von Handlungsspielräumen, der Notwendigkeit zur Befolgung von Vorgaben und dadurch, dass eine Mitentscheidung nicht überall möglich ist. Doch es entsteht auch **Entlastung**, indem Prozesse durch konsequente Führung vereinfacht werden, ein Orientierungsrahmen vorgegeben wird und sich nicht jede_r um alles kümmern muss. Mitarbeiter_innen können sich darauf verlassen, dass das Ganze funktioniert (vgl. SIMSA, PATAK 2008,7f.).

Um den Aspekt der Selbstführung besser beleuchten zu können, werden nachfolgend die Besonderheiten von NPOs vorgestellt und anschließend die Aufgaben von Führungskräften im Sozialen Bereich erläutert. Da dieser sehr vielfältig ist, werden die Führungsaufgaben am Beispiel einer Leitungskraft von Kindertageseinrichtungen beschrieben. Durch die genaue Umrahmung eines ausgewählten Arbeitsfelds der Sozialen Arbeit wird eine Übertragung auf andere Bereiche erleichtert. Die Aufgabe der Selbstführung wird im Anschluss differenziert untersucht.

Die Begrifflichkeiten Leitung (eher umsetzungsbezogen) und Führung (eher konzeptionell; vgl. SELL, JAKUBEIT 2005, 5, 11) werden im Folgenden synonym verwendet, da die Anforderungen an beide Positionen in Bezug auf die Selbstführung grundlegend gleich sind.

5.1 Besonderheiten von Nonprofit-Organisationen

Es ist nicht immer möglich eine trennscharfe Abgrenzung von NPOs und wirtschaftlichen Unternehmen herauszuarbeiten, da NPOs sehr vielfältig sind (ebenso wie Wirtschaftsorganisationen). Dennoch konnten SIMSA und PATAK fünf typische Merkmale von NPOs aufdecken (vgl. SIMSA, PATAK 2008, 12).

Als erstes ist die Mission der Einrichtung bzw. das soziale und ideologische Anliegen präsent und handlungsleitend. Das kann für die Führung ein Vorteil sein, aber auch zur Herausforderung werden, wenn diese Ideologien dysfunktional genutzt werden, z. B. bei der Abkapselung gegenüber der Umwelt, bei der Verhinderung notwendiger Veränderungen, bei der Konfliktvermeidung, aber auch bei einer schnellen Konflikteskalation (durch Personalisierung und Emotionalisierung). Deswegen ist ein reflektierter Umgang mit Werten wegweisend (vgl. ebd., 12, 21).

Zweitens sind interne Beziehungen, die Einstellung zum Organisationszweck sowie die Einschätzung externer Stakeholder[14] stark durch Emotionalität geprägt. Aus diesem Grund sind sowohl ein erfolgreiches Konfliktmanagement als auch die saubere Klärung von organisationalen Strukturen in NPOs von großer Bedeutung (ebd.)

„NPOs sind häufig an der Schnittstelle gesellschaftlicher Subsysteme, häufig auch in Konfrontation mit herrschenden Verhältnissen." (ebd.) Damit sind, drittens, das Anforderungsniveau und der Grad an Widersprüchlichkeit an ihre Zielsysteme höher als in öffentlichen Verwaltungen und Wirtschaftsunternehmen. Zur Bewältigung dieser ist Geld zwar bedeutsam, aber nicht das letzte Entscheidungskriterium. Dies stellt an Führungskräfte die Herausforderung, stärker als in anderen Organisationen, eine Balance zwischen verschiedenen Logiken herzustellen (vgl. ebd., 12, 19).

Viertens haben informelle Prozesse in NPOs oft eine sehr große Bedeutung, wodurch Mitarbeiter_innen dazu neigen, formale Abläufe und Strukturen zu unterwandern. Diese bieten dafür einen nicht zu unterschätzenden Freiraum für berufliches Handeln und Selbstbestimmung. Mitarbeiter_innen in sozialen Einrichtungen haben häufig ein kompliziertes Verhältnis zur Macht (ungern ausgeübt und schnell diskreditiert) sowie eine ausgeprägte Angst vor Kontrolle. Dadurch sind Führungs-

---

[14] *Stakeholder* „sind alle internen und externen Personengruppen, die von den unternehmerischen Tätigkeiten gegenwärtig oder in Zukunft direkt oder indirekt betroffen sind." (SPRINGER GABLER VERLAG 2015)

kräfte dem Widerstand aus den eigenen Reihen ausgesetzt. Es erfordert folglich großes Fingerspitzengefühl Autorität und Macht wahrzunehmen und eine Balance zwischen Formalitäten und Lebendigkeit in der Einrichtung herzustellen (vgl. SIMSA, PATAK 2008, 13, 20; SELL, JAKUBEIT 2005, 20, 26).

Dazu kommt fünftens, dass sich NPOs häufig gesellschaftlicher Probleme annehmen, die von Natur aus nicht vollständig lösbar sind. Das macht es der Führungskraft schwer Erfolge zu messen, zumal diese auch sehr vielschichtig sein können (vgl. SIMSA, PATAK 2008, 13).

5.2 Die Leitungsebene von Kindertageseinrichtungen als beispielhaftes Arbeitsfeld von Sozialberufen

Kindertageseinrichtungen sind Teil des Kinderbetreuungssystems und in den meisten Bundesländern der Kinder- und Jugendhilfe zugeordnet. Damit haben sie einen öffentlichen Auftrag und arbeiten mit öffentlich regulierten Ressourcen. Der Kernauftrag von Kindertageseinrichtungen ist die Betreuung, Bildung und Erziehung von Kindern zwischen null und zwölf Jahren und außerhalb der Schule. Die Rahmenbedingungen für die Arbeit sind dabei sehr heterogen, da es in den Bundesländern unterschiedliche Schwerpunkte und Inhalte bei Bildungsplänen und Finanzierung gibt, wodurch sich auch das Aufgabenspektrum von Kita-Leitungen unterscheidet[15]. Zudem setzen Träger differierende Qualitätsstandards, die Unterstützungssysteme sind somit kaum vergleichbar (z. B. Fort- und Weiterbildungen) und auch die Qualität der Ausbildung von Fach- und Führungskräften beeinflusst die Leitungsaufgaben (vgl. STREHMEL, ULBER 2014, 8, 9).

An Kita-Leitungen werden vielfältige Anforderungen gestellt. Zum einen sind es die Managementaufgaben von kleinen und mittleren Unternehmen und zum anderen die Besonderheiten von personenbezogenen Dienstleistungen, die im Falle dieses pädagogischen Arbeitsfelds die Kernaufgabe der Betreuung, Bildung und Erziehung von Kindern ist. Zudem sind aus gesellschaftlichen Entwicklungen (wie Ausbau von Krippen und Ganztagsschulen, Bildungsplänen, externe Qualitätsüberprüfungen) Weiterbildungsbedarfe abzuleiten. Überdies spielt dort der Umfang der übertragenen Managementaufgaben vom Träger mit hinein, der sehr unterschiedlich sein kann. Manche Träger geben feste Definitionen der pädagogischen Rahmenrichtlinien für

---

[15] Z. B. ob die Kita grundfinanziert ist, oder sich auf dem Markt behaupten muss (vgl. STREHMEL, ULBER, 8).

ihre Einrichtung heraus, andere lassen pädagogische Konzepte und Rahmenkonzepte von der Leitung und dem Team individuell für die Einrichtung erarbeiten. Manche Träger übernehmen große Teile der Verwaltung, während andere diese Aufgaben an die Einrichtungsleitung abgeben. Aus dem Zusammenspiel dieser Aspekte können sowohl das Anforderungsprofil einer Kita-Leitung, als auch der Handlungsspielraum und die Arbeitsbelastung abgeleitet werden (vgl. STREHMEL, ULBER 2014, 9).

Die Leitung von Kindertageseinrichtungen ist im deutschen Sprachraum nur sehr wenig wissenschaftlich analysiert (vgl. ebd., 12). Deswegen wird im Folgenden das „Führungspuzzle" zur Führung von Nonprofit-Organisation nach SIMSA und PATAK in Kombination mit der Konkretisierung dieser Aufgaben für Kita-Leitungen von STREHMEL und ULBER vorgestellt.

5.3 Führungsaufgaben von Kita-Leitungen

In erprobten Modellen zum Leitungshandeln aus der Arbeits- und Organisationspsychologie (ROSENSTIEL, NERDINGER 2011) werden vier Dimensionen angeführt (vgl. STREHMEL, ULBER 2014, 12):

- **Aufgabe** → Aufgaben und Ziele erfüllen
- **Individuum** → Mitarbeiter_innen führen
- **Gruppe/ Team** → Zusammenarbeit gestalten
- **Organisation** → Organisation entwickeln

RUTH SIMSA und MICHAEL PATAK erweiterten in ihrem „Führungspuzzle" diese Dimensionen um (vgl. 2008, 41):

- **Selbstführung** → sich selbst führen
- **Strategischer Rahmen** → strategisches Management für die eigene Führungstätigkeit aufstellen
- **Relevante Kontexte** → Wahrnehmung von Rahmenbedingungen, Veränderungen im Umfeld und relevanten Trends sowie deren Einschätzung und deren Bedeutung für die Einrichtung

Das „Führungspuzzle" beschreibt wesentliche Felder der Führung und bietet ein Raster zur Reflexion der Führungstätigkeit. Die Felder sind nicht vollständig von einander abgrenzbar, überlappen sich und sollten deswegen als eine Art „Landkarte der Führung" angesehen werden (vgl. SIMSA, PATAK 2008, 39).

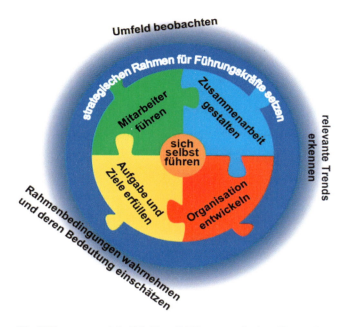

Abbildung 22 - "Führungspuzzle" - 7 Felder - 7 Führungsaufgaben (SIMSA, PATAK 2008, 42)

Wie in Abbildung 22 dargestellt, befindet sich im Zentrum die **Persönlichkeit**, da diese den Kern der Führung ausmacht und jede Führung bei dieser selbst („mir selbst") beginnt. Darum herum sind die vier Aufgabenfelder der operativen Führung angeordnet, die den Alltag der Führungskräfte prägen. Auf die **Mitarbeiter_innen** sollte jeweils individuell eingegangen werden. Das **Team** benötigt einen anderen Fokus, weswegen Gruppen aktiv gestaltet und angeleitet werden sollten. Überdies soll der **Organisation** an sich Aufmerksamkeit gewidmet werden, indem Regeln, Prozesse und Strukturen der Einrichtung als soziales Gefüge in den Vordergrund treten. Weiterhin muss die **Aufgabe** betrachtet werden, mit welcher Ziele und Inhalte des Verantwortungsbereichs geklärt werden. Doch auch Aspekte, die über das tägliche Geschehen hinausgehen, sollten betrachtet werden. Umrahmt werden die operativen

Aufgaben vom **strategischen Führungshandeln**, zu welchem die Strategie, die Vision respektive die grundsätzliche Ausrichtung der Organisation sowie das persönliche Leitungshandeln gezählt werden. Ergänzt werden diese Aufgaben durch **relevante Kontexte**, in denen sich die Führungskraft bewegt. Dort wird alles, was sich im Umfeld des Verantwortungsbereichs ereignet beobachtet und eventuell bedeutend für die Leitung, die Aufgabe, die Mitarbeiter_innen, das Team oder die Vision sein kann, beobachtet (vgl. SIMSA, PATAK 2008, 39ff.).

Das Modell verbindet folglich die klassischen Analysedimensionen der Arbeits- und Organisationspsychologie und verfügt gleichzeitig über eine systemische Perspektive. Diese Ergänzung ist notwendig und sinnvoll, da soziale Einrichtungen wirtschaftlich auf öffentliche Gelder angewiesen sind und es starke Veränderungen durch sozialstaatlichen Umbau gibt, die sich besonders im Bereich der Kinderbetreuung zeigen (vgl. STREHMEL, ULBER 2014, 13).

Das Modell ist systemisch zu betrachten, was bedeutet, dass jede Teilaufgabe dazu beiträgt Strukturen und Prozesse der Einrichtung zu gestalten und zu analysieren, sich aber alle wechselseitig beeinflussen und erst eine Vereinigung aller Aspekte zu einer erfolgreichen Einrichtungsleitung führt. In diesem Rahmen steuert das Leitungshandeln Orientierungen und Ressourcen und hat schlussendlich Einfluss auf die Qualität der Kernprozesse von Kindertageseinrichtungen bzw. der pädagogischen Arbeit mit den Kindern. Die Vielfalt der Aufgabenfelder macht die Arbeit sehr komplex. Deswegen ist eine Schwerpunktsetzung von Aufgabenbereichen und deren Konkretisierung nach Situation und persönlichen Neigungen erforderlich. Allerdings ist dabei zu beachten, dass die Ausübung einiger Aufgabebereiche unerlässlich ist und deren Delegation höchstens in geringen Anteilen und nur sehr überlegt möglich ist, wie dem Personalmanagement (vgl. ebd., 14).

5.3.1 Sich selbst führen

„Wer andere führt, muss zuerst bei sich selbst beginnen." (SIMSA, PATAK 2008, 42). Nur durch eine bewusste Reflexion, wie eine Person sich selbst führt, ist eine fortlaufende Weiterentwicklung möglich. Es ist eine große Verantwortung die Führung von Menschen, auch von sich selbst, zu übernehmen und hat Einfluss auf die Arbeitszufriedenheit, **Gesundheit** und Lebensgestaltung (vgl. ebd.)

Die Bedeutung der Person ist in NPOs überdurchschnittlich wichtig, da die Ansprüche an die Glaubwürdigkeit Führungskraft und das Vorleben geforderter Maximen höher sind (vgl. ebd.).

Wichtige Führungsinstrumente im Zusammenhang zur Selbstführung sind beispielsweise die persönliche Reflexion, das Organisieren und Annehmen von Unterstützung und Feedback, Selbsterfahrung, das Entwickeln persönlicher Disziplin, Coaching und die persönliche Aufgabenorganisation (vgl. ebd., 43). Das Thema wird in Kapitel 5.4. „Dimensionen der Selbstführung" (S. 93) noch einmal vertiefend beleuchtet, indem die Selbstführungsdimensionen Arbeits- und Ressourcenorganisation, Selbstsorgekompetenz, Stress- und Krisenkompetenz und visionäre Fähigkeiten vorgestellt werden.

5.3.2 Mitarbeiter_innen führen

Der Aspekt der Person betrifft individuelle Aspekte von allen direkt oder indirekt an Entscheidungsprozessen beteiligten Akteur_innen, wie Kinder, Eltern, pädagogische Fachkräfte, Leitungskraft, hauswirtschaftliches Personal oder Honorarkräfte. Dabei geht es um die Fähigkeit mit Menschen umzugehen, diese richtig einzuschätzen und ihre Fähigkeiten, Grenzen und Potenziale zu erkennen. Hierdurch ist ein optimales **Fördern und Fordern** möglich. Allerdings fällt es Personen von NPOs deutlich schwerer zu fordern, auch in Bezug auf Sanktionen, als solchen in POs (vgl. SIMSA, PATAK 2008, 43; STREHMEL, ULBER 2014, 16).

Zentrale Aufgabe der Leitungskraft ist das Personalmanagement, in welchem die Personalführung und –pflege im Alltag meist den größten Raum einnimmt. Dazu gehören z. B. regelmäßige Mitarbeiter_innengespräche, die Fürsorgepflicht für die Mitarbeiter_innen wahrzunehmen und sie im Alltag und in Belastungssituationen unterstützend zu begleiten (vgl. STREHMEL, ULBER 2014, 17).

Doch bevor es soweit kommt, ist die Personalausstattung von Bedeutung. Die Leitungskraft hat sich mit der Fachkräftesituation auf dem Arbeitsmarkt auseinander zusetzen und dafür Sorge zu tragen, dass die Kindertageseinrichtung qualitativ und quantitativ personell gut ausgestattet ist. Dies bedarf einer vorausschauenden Personalplanung, -gewinnung und -auswahl. Hilfreich kann dabei die Mitwirkung an Ausbildung von Fach- und Führungspersonal sein,   z. B. in Kooperation mit Fach- und Hochschulen (vgl. ebd., 16).

Neben der Personalauswahl ist es wesentlich dieses auch richtig einzusetzen. Das bedeutet, die verschiedenen Qualifikationen und Erfahrungen des pädagogischen Personals zu nutzen, z. B. ältere Fachkräfte oder diverse Kultur- und Sprachkenntnisse. Demgegenüber sollten ebenso die unterschiedlichen Bedürfnisse und Interessen der Mitarbeiter_innen, sowie ihre Lebenssituation oder -phase und Berufsbiographie berücksichtigt werden. Erreicht werden kann dies beispielsweise über Absprachen von Arbeitsaufträgen und Dienstplänen (vgl. ebd.; SIMSA, PATAK 2008, 43).

Ein weiter Aspekt des Personalmanagements ist dessen Entwicklung. Die Einrichtungsleitung sollte die professionelle Weiterbildung der Mitarbeiter_innen planen und organisieren, ihnen Lerngelegenheiten zur Kompetenzförderung zu Verfügung stellen. Aus diesem Grund muss die Leitung die Interessen und Kompetenzen der einzelnen Mitarbeiter_innen gut kennen und Aufgabenprofile sowie neue Aufgaben der Einrichtung genau erläutern. Die Leitung sollte eine hohe Motivation für Selbstbildungsprozesse aufbringen und eine Lernkultur in der Organisation etablieren (STREHMEL, ULBER 2014, 17).

Zu guter Letzt ist das Personalcontrolling zu erwähnen. Controlling ist ein laufender informationsverarbeitender Prozess, um Aktivitäten hinsichtlich der Zielerreichung zu überwachen und zu steuern. Mit Blick auf Kindertageseinrichtungen bedeutet das Dienst- und Fachaufsichten wahrzunehmen sowie die regelmäßige Überprüfung von Förderungs- und Entwicklungsbedarfen einzelner Mitarbeiter_innen, Leistungen und Zielvereinbarungen mit Einzelnen und dem Team (vgl. ebd.).

Das **wichtigste Führungsinstrument** im Personalmanagement ist das Mitarbeiter_innengespräch und daran anschließend Zielvereinbarungen, Entwicklungs- und Bildungsmaßnahmen, Karrierepläne, Gestaltung von Sanktionen, aber auch mögliche Anreizsysteme zu Steigerung der Mitarbeiter_innenmotivation (vgl. SIMSA, PATAK 2008, 44; SELL, JAKUBEIT 2005, 53).

5.3.3 Zusammenarbeit fördern

Viele gute Mitarbeiter_innen bilden nicht zwingend ein gutes Team. Deswegen ist es Aufgabe der Leitung die Zusammenarbeit verschiedener Gruppen oder Institutionen innerhalb und außerhalb der Kita zu organisieren und zu gestalten. Dazu gehören das Team, die Eltern, der Träger, Kooperationspartner_innen im Sozialraum und unterstützende Institutionen im System Kita (z. B. Fachberatungen, Fort- und Weiterbildungen; vgl. STREHMEL, ULBER 2014, 17).

Unerlässlich dabei ist es auch, die räumliche Gestaltung zu beachten. Es kann beispielsweise ausschlaggeben sein wer wo seinen Arbeitsplatz hat. Doch auch der strukturelle Ausbau von Kommunikation und Kooperation von internen und externen Ansprechpartner_innen, sowie die atmosphärische Gestaltung gehören zur Aufgabe der Leitungskraft. Es müssen Regeln festgelegt werden, deren Einhaltung gemeinsam thematisiert wird. Außerdem sollten Haltungen, Prozesse und Strukturen einer Einrichtung innerhalb und zwischen verschieden Gruppen der Einrichtung (z. B. Teams, Erzieher_innen, Eltern) beobachtet werden, um Impulse zu geben oder die Zusammenarbeit zu koordinieren und ggf. zu intervenieren. In diesem Rahmen ist auch die Gestaltung einer Organisationskultur wichtig, z. B. was bedeutet Pünktlichkeit, Unfreundlichkeit oder was ist angemessen (vgl. ebd., 18; SIMSA, PATAK 2008, 44)?

Durch den Fokus auf Beziehungen sind soziale Einrichtungen im Vorteil. Ihnen sind Gruppenprozesse und deren Bedingungen bekannt, wodurch diese leichter zu verstehen und steuern sind, und ihnen emotionale Nähe weniger fremd ist. Zudem zeigen sie viel Bereitschaft zur Diskussion, zur Reflexion der eigenen Kultur, zur Zusammenarbeit und zur Teamsupervision (SIMSA, PATAK 2008, 44; SELL, JAKUBEIT 2005, 43).

Eine Führungskraft muss über die Fähigkeiten verfügen Prozesse zu analysieren und zu verstehen sowie ein Geschick besitzen Dinge auszuhandeln. **Hilfreiche Führungsinstrumente** können die Moderation und Gestaltung von Teamsitzungen, Reflexion und Feedback im Team, bewusste Zusammensetzung von Teams nach inhaltlichen und sozialen Kriterien, die Gestaltung von Büroräumen und Arbeitsplätzen und die Form von Telefonkonferenzen sein (vgl. STREHMEL, ULBER 2014, 18; SIMSA, PATAK 2008, 45).

5.3.4 Aufgaben und Ziele

Aufgaben sind Aufträge für Leistungen, die vom Personal zielführend zu erfüllen sind. Doch wie erkennt eine Leitungskraft im Nachhinein, dass gut gearbeitet wurde und die Ziele erfüllt wurden? Es ist Aufgabe der Führung Indikatoren, Kennziffern und Messgrößen zu bestimmen, sowie eine angemessene Erfassung in die Wege zu leiten und eine regelmäßige Evaluation zu gewährleisten. Nonprofit-Organisationen müssen sich dabei mehr anstrengen als kapitalistische Dienstleistungs- und Produktionsbetriebe, da eine unmittelbare Messbarkeit ihrer Ziele deutlich schwerer ist. Wichtige Fragen können dabei sein: Wie können fachlichen Standards für die Aufgaben der Mitarbeiter_innen bestimmt werden? Für wen werden die Leistungen erbracht und welche Erwartungen haben die Anspruchsgruppen an die Einrichtung (Stakeholderanalyse)? Wie können Prozesse angeregt werden, um Fehler zu erkennen und davon zu lernen (vgl. STREHMEL, ULBER 2014, 14; SIMSA, PATAK 2008, 45f.)?

Im Rahmen der Aufgaben- und Zielerfüllung müssen Leitungskräfte Entscheidungen auf inhaltlich-konzeptioneller Ebene treffen, um Ziele zu setzen und eine Konzeption (weiter) zu entwickeln. Dazu setzen sie das pädagogische Konzept um, indem sie pädagogisch Aufgaben der Bildung, Betreuung und Erziehung steuern und koordinieren, z. B. mit Hilfe von Beobachtungen, Dokumentation und individueller Lernbegleitung der Kinder, Kooperation mit Eltern, Raum- und Zeitgestaltung oder Umsetzung von Bildungsprogrammen. Im Rahmen des Qualitätsmanagements sind Führungskräfte für die Gestaltung, Unterstützung und Weiterentwicklung der pädagogischen Qualität zuständig, indem sie sich mit den Mitarbeiter_innen über Methoden und Arbeitshilfen verständigen. Überdies sind betriebswirtschaftliche Prozesse ein Bestandteil, auch wenn deren Ausmaß von der Arbeitsteilung mit dem Träger abhängt. Dazu gehört die Berücksichtigung der Rahmenbedingungen, inklusive der Sicherstellung aller rechtlichen und strukturellen Vorhaben einzuhalten (z. B. Betriebserlaubnis, Datenschutz, Hygienevorschriften). Ferner beschaffen, bewirtschaften und verwalten Führungskräfte die Ressourcen, insbesondere finanzielle, personelle, materielle und räumliche. Daneben gilt es, die interne und externe Kommunikation und Kooperation sowie den Aufbau und Ablauf der Organisation zu gestalten und damit das soziale System der Einrichtung. Ein nicht zu unterschätzender Anteil der Betriebsleitung ist die Gewährleistung der Arbeitssicherheit und des Arbeitsschutzes sowie ein betriebliches Gesundheitsmanagement mit allen entsprechenden Maßnahmen aufzubauen und zu etablieren. Zu guter Letzt gehören auch Marketing und Öffentlichkeitsarbeit in diesen Zuständigkeitsbereich (vgl. STREHMEL, ULBER 2014, 14, 15).

Häufig sind Kita-Leitungen nicht vollkommen vom Gruppendienst freigestellt. Durch die Doppelrolle kann es zu Konflikten kommen. Sie haben eine vermittelnde Funktion, auch „Sandwich"-Position genannt, zwischen den Interessen des Trägers einerseits (Druck von „oben") und den Bedürfnissen des pädagogischen Fachpersonals sowie der Eltern und Kinder andererseits (Druck von „unten"; vgl. ebd., 14).

Das ZENTRUM FÜR QUALITÄTSSICHERUNG UND -ENTWICKLUNG (ZQ) der Johannes-Gutenberg-Universität Mainz betont diese Schlüsselfunktion von Führungskräften (Abbildung 23, S. 89): Es ist ein hoher Anspruch die Balance zu halten zwischen Interessenvermittlung der Beschäftigen gegenüber der Unternehmensführung und gleichzeitig die Unternehmensinteressen gegenüber dem Team auszudrücken. Der Aufbau einer vertrauensvollen Nähe zu den Mitarbeiter_innen unter der Wahrung von Distanz, sowie dem Treffen von Entscheidungen auf teils unsicherer Grundlage, spielen eine große Rolle. Eine möglichst reibungslose Zusammenarbeit mit Gleichrangigen soll gewährleistet werden und bestenfalls im Einklang mit persönlichen Zielen und Wünschen der Führungskraft stehen. Wenn diese verschiedenen Aspekte sich entgegenstehen, kann es zu kognitiven und emotionalen Widersprüchen sowie zu Gewissenskonflikten kommen. Das Spannungsverhältnis zwischen eigenen Bedürfnissen und dem Verantwortungsgefühl kann auch **gesundheitliche Auswirkungen** mit sich bringen (vgl. GERARDI et al. 2014, 18; PANGERT, SCHÜPBACH 2011, 75f.; ZQ 2011, 9).

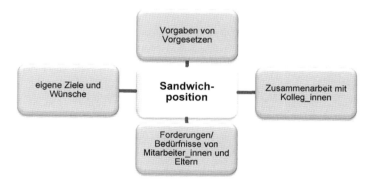

Abbildung 23 - Sandwichposition (eigene Darstellung in Anlehnung an ZQ 2011, 9)

Wichtige Führungsinstrumente können bei der Aufgaben- und Zielerreichung die Entwicklung und Definition von Zielen, Kennziffern, Leistungsindikatoren und Evaluation sein, ebenso wie die Einführung eines Fehler-Managements, von Planungszirkeln und von Controllingberichten, der Planung von Ressourcen und der konzeptionellen Entwicklung (vgl. SIMSA, PATAK 2008, 46; SELL, JAKUBEIT 2005, 33).

5.3.5 Organisation entwickeln

Bei dieser Führungsaufgabe ist es zentral Prozesse und Strukturen zu erkennen und in diesen denken zu können, weil Führungskräfte mittels Regeln, Strukturen und Prozessbeschreibungen die Organisation steuern. Dabei ist es ein schmaler Grat Aufgaben, Kompetenzen und Verantwortungen zu definieren, ohne dabei Zuständigkeiten ungeklärt zu lassen oder zu detailliert zu werden. Aus Angst vor zu viel Bürokratie und Einengung neigen NPOs eher zu geringeren Klarheit. Der dadurch entstehende Freiraum kann allerdings zu Überforderung und Unproduktivität führen (vgl. SIMSA, PATAK 2008, 45).

Eine weitere bewältigende Führungsaufgabe ist die Gestaltung der Organisationskultur, welche u.a. durch Leitbild des Trägers beeinflusst wird (kommunal, kirchlich, Elterninitiative). Diese zeigt sich in Regeln, Normen der alltäglichen Umgangsformen und den Schwerpunkten der pädagogischen Arbeit. Fernerhin findet sich die Organisationskultur in den Verhaltensweisen der Beteiligten, dem äußeren Erscheinungsbild der Einrichtung sowie im zugrundeliegenden Menschenbild bzw. Bild vom Kind und Vorstellungen vom Zusammenleben. Die Leitung sollte dabei ein Vorbild für die Mitarbeiter_innen sein und einen möglichst wertschätzenden Beitrag leisten, indem sie entsprechende Normen setzt, über diese wacht und bei Bedarf Erwartungen und Regeln klärt (vgl. STREHMEL, ULBER 2014, 19).

Die Führungskraft hat großen Einfluss auf das Organisationsklima, also der Einrichtungsatmosphäre wie sie von Mitarbeiter_innen erlebt und bewertet wird und das Verhalten sowie die pädagogische Arbeit mit Kindern beeinflusst. Dazu zählen der Umgang mit Problemen im Alltag sowie mit Konflikten scheinbar unvereinbarer pädagogischer Ziele und ihrer Rahmenbedingungen (vgl. ebd.).

Abhängig von vorhandenen Strukturen und Abläufen sowie routinemäßigen Controllingmaßnahmen ist die Leitungskraft für die Steuerung und Weiterentwicklung der Organisation zuständig. Sie sammelt Informationen über Qualität und Umsetzung der Prozesse und greift unter Umständen in die unmittelbare pädagogische Interaktion, die Zusammenarbeit mit Team oder Eltern und die finanzielle Situation der Kita ein, um diese sicherzustellen (vgl. ebd.).

Voraussetzung zur Umsetzung eigener Zielvorstellungen oder neuer äußerer Anforderungen ist die Planung komplexer Prozesse im Sinne des Projektmanagements (z.

B. Auftragsklärung, Erstellung Projektstrukturplan mit Arbeitsschritten und Zeitplan). Es ist Aufgabe der Leitung solche Organisationsentwicklungsprozesse in Gang zu bringen. Verschiedene Methoden des Change-Managements können dabei helfen ungeplante Nebenwirkungen sowie Reibungsverluste für Betroffene bei Umsetzung zu vermeiden. Dabei ist die Entstehung von Konflikten normal und die Durchführung und Steuerung der Teamentwicklung und Verwirklichung des Vorhabens können sehr anspruchsvoll sein und eine externe Begleitung nützlich machen kann (vgl. ebd.).

Bedeutende Führungsinstrumente zur Organisationsentwicklung können die Definition und Vermittlung von Aufgaben, Kompetenzen und Verantwortungsbereichen, aber auch die Erstellung von Organigrammen, Maßnahmen des Veränderungsmanagements und die Gestaltung von Leistungsmessungen bzw. Sanktionen sein. Dazu zählen außerdem der Aufbau von Strukturen und die Gestaltung von Prozess (vgl. SIMSA, PATAK 2008, 45).

5.3.6 Strukturelle Rahmenbedingungen

Hier geht es um die grundlegende Richtung, in die sich die Einrichtung weiterentwickeln soll und wie Schwerpunkte gewichtet werden: Welcher Weg soll eingeschlagen werden? Welche Produkte bzw. Leistungen werden (nicht mehr) angeboten? Wo sind Grenzen? Was sind besondere Leistungsangebote? Welche Zielgruppen sollen angesprochen werden?

Die Ausarbeitung und Definition von Leitbildern, Strategien, Visionen und Werten bewirkt eine klare Orientierung für das alltägliche Handeln und stellt eine indirekte Form der Führung dar. So können das Handeln und die Ressourcen der Einrichtung auf mittel- und langfristige Ziele ausgerichtet werden. Allerdings stellen NPOs anspruchsvolle Systeme dar, weil diese Organisationen häufig widersprüchlichen Anforderungen von Stakeholdern gerecht werden sollen. Es erfordert großes Fingerspitzengefühl die Vision respektive Strategie so zu gestalten, dass diese für die Mitarbeiter_innen eine ausreichende Leitlinie bildet, aber keiner wesentlichen Anspruchsgruppe widerspricht (vgl. STREHMEL, ULBER 2014, 21; SIMSA, PATAK 2008, 46).

Relevante Führungsinstrumente können Strategieworkshops und strategische Pläne, die Gestaltung von Leitbildentwicklungsprozessen sowie die Visualisierung von Leitbildern und Visionen sein (vgl. SIMSA, PATAK 2008, 46).

5.3.7 Relevante Kontexte - Rahmenbedingungen, Umwelt, Trends

Führungskräfte müssen das Umfeld beobachten, interpretieren und herausfiltern, was für ihren Verantwortungsbereich und die Einrichtung interessant sein könnte. Im Umfeld der frühen Bildung gibt es eine große Dynamik, wodurch eine Beobachtung noch wichtiger wird. Neue pädagogische Konzepte und Leitlinien oder Finanzierungsbedingungen werden von Politik, Verbänden und Trägern vorgegeben, doch auch gesellschaftliche Veränderungen können Einfluss auf die Kita haben. Durch die Teilnahme an regionalen Arbeitskreisen oder Pressemitteilungen können Informationen zur Veränderung des Sozialraums zusammengetragen werden, die für Familien wichtig sind (z. B. Neubaugebiete). Auch Verbände der freien Wohlfahrtspflege und große Träger im System der Kindertagesbetreuung können dem Fachpersonal Möglichkeiten bieten einrichtungsübergreifende Informationen, sowie Austausch und Reflexion zu finden, um dieses Wissen in ihr praktisches Handeln umzusetzen. Daneben sind auch Entwicklungen anderer gesellschaftlicher Teilsysteme, die Einfluss auf das Aufwachsen von Kindern haben zu beobachten, z. B. Bestimmungen von Gesundheitsämtern, Regelungen zum Übergang Kita-Schule, das Sinken der Geburtenraten, der Fachkräftemangel, die zunehmende Diversität der Klientel von Kindertageseinrichtungen oder technologische Entwicklungen (vgl. STREHMEL, ULBER 2014, 20; SIMSA, PATAK 2008, 47).

Für Führungskräfte gilt es die Entwicklungen von Rahmenbedingungen, Umwelt und Trends wahrzunehmen und neue Gesetze und Richtlinien umzusetzen sowie sich ggf. an Diskussionsprozessen zu beteiligen und mit dem Team an Fachveranstaltungen oder Arbeitskreisen teilzunehmen. Je mehr Freiraum eine Leitungskraft vom operativen Geschäft hat, umso mehr kann sie sich der Beobachtungs- und Auswertungsaufgabe widmen und dadurch Konzepte und das Personalmanagement weiterentwickeln sowie Angebote und Arbeitsweisen verändern. Sie sollte dabei ihre eigene „Landkarte" erstellen, welche Themen und Informationen sie regelmäßig erfassen will (vgl. STREHMEL, ULBER 2014, 20f.; SIMSA, PATAK 2008, 47).

Wichtige Führungsinstrumente zur Erfassung relevanter Kontexte können die Erstellung einer „Landkarte" bedeutsamer Umweltfaktoren sowie eine kontinuierliche Auseinandersetzung mit Fachliteratur, wissenschaftlichen Analysen und aktuellen gesellschaftlichen Entwicklungen sein (vgl. ebd.).

5.4 Dimensionen der Selbstführung

Die Führung der eigenen Person ist ein entscheidender Bestandteil des Führungshandelns, weil sie Einfluss auf Bewertungen, Emotionen, Ideen, Kultur, Strategien, Personalbindung, Werte und Ziele der Mitarbeiter_innen bzw. der Einrichtung haben kann. Selbstführung bezeichnet die Entwicklung und Reflexion der eigenen Führungstätigkeit, sowie die damit verbundenen Kompetenzen und Einstellungen (Persönlichkeitsentwicklung). Sie ist aber auch verbunden mit der Sorge zur Erfüllung der eigenen Erwartungen und Bedürfnissen (fürsorglicher Umgang mit sich selbst; vgl. STREHMEL, ULBER 2014, 15; SIMSA, PATAK 2008, 49; SELL, JAKUBEIT 2005, 71f.).

Selbstführung ist Voraussetzung für:

- einen kompetenten, glaubwürdigen und verantwortungsvollen Umgang mit der Führungsrolle,
- eine erfolgreiche Bewältigung der sich daraus ergebenen Aufgaben,
- den Erhalt (und die Förderung) der eigenen **Gesundheit** und
- persönliche Reife zum Schutz vor unreflektierter Übertragung bzw. störenden Einflüsse eigener Themen auf Mitarbeiter_innen (vgl. STREHMEL, ULBER 2014, 15, SIMSA, PATAK 2008, 50; SELL, JAKUBEIT 2005, 71).

Durch die erfolgreiche Verwirklichung übertragener Aufgaben und die Erfüllung verschiedener Erwartungen kann es langfristig zur Erschöpfung kommen. Dazu kommt eine hohe Widerspruchslage. Durch das hohe Maß an strukturellen Konflikten, aber auch schwer zu bewältigenden Situationen im Berufsalltag, kann das Gefühl entstehen es niemanden Recht machen zu können und für den Job ungeeignet zu sein. Dies wird noch verschärft, wenn sich die Führungskraft im Spannungsfeld zwischen der Organisationsführung (Trägerinteressen) und der Personalführung (Mitarbeiter_inneninteressen) befindet oder eigene kognitive und emotionale Widersprüche entstehen. Dieses Spannungsgefühl kann negative **gesundheitliche Auswirkungen** mit sich bringen (vgl. SIMSA, PATAK 2008, 54f.; GERARDI et al. 2014, 20).

Eine gute Führungskraft kann solche Widersprüche aushalten und scheinbar gegensätzliche Eigenschaften miteinander verbinden und jederzeit anwenden, z. B. Durchsetzungsfähigkeit und Feingefühl, Kontrolle und Freiraum geben, Fordern und Geduld. Doch wie erlangt eine Person solche Fähigkeiten? Kann Selbstführung erlernt werden? SELL und JAKUBEIT sagen, dass sie nur äußerst schwer und nicht aus Büchern erlernbar ist, weil einerseits jede Person selbst ihren Weg finden und „durchleiden" muss und andererseits notwendige persönliche Fertigkeiten manchmal typbedingt nicht mitgebracht werden (vgl. 2005, 14f., 71). SIMSA und PATAK finden dagegen, dass für den Umgang mit sich selbst in sozialer und psychologischer Hinsicht, sowie der bewusste Reflexion der eigenen Entwicklung, **psychosoziale Kompetenzen** ausschlaggebend sind. Da diese nicht angeboren sind, ist auch Selbstführung erlernbar. Allerdings muss diese genauso gezielt durch Aus- und Weiterbildung erlernt werden wie fachliche Kompetenzen. Die Weiterentwicklung persönlicher Kompetenzen wird häufig vernachlässigt, weil ihre Tragweite unterschätzt wird, im Alltagsgeschäft zu wenig Zeit ist, die „perfekt funktionierende Leitungskraft" nichts weiter braucht und die Arbeit an der eigenen Person nicht leicht sowie sehr intim ist. Doch die Entwicklung psychosozialer Kompetenzen funktioniert nur durch Kontakt. Vieles ist nicht alleine erlernbar und braucht einen geschützten Raum. Einrichtungsinterne Veranstaltungen können die Basis bilden, geben aber nur begrenzte Möglichkeiten für persönliche Äußerungen. Deswegen sollten externe Gelegenheiten für die unmittelbare Persönlichkeitsentwicklung genutzt werden (z. B. Einzelsupervision, Coaching; vgl. SIMSA, PATAK 2008, 49, 56, 57).

Dabei haben Maßnahmen zur Persönlichkeitsentwicklung, wie Supervision und Coaching, in NPOs eine längere Tradition als in der öffentlichen Verwaltung oder in Wirtschaftsunternehmen. Persönliche Krisen, die mit solchen Entwicklungen einhergehen, werden in sozialen Einrichtungen weniger schnell stigmatisiert und werden eher als eine Bereicherung des persönlichen Lernens gesehen. Gleichzeitig ist dort eine gezielte Persönlichkeitsentwicklung herausfordernder, da Gelegenheiten des persönlichen Lernens schwerer zu organisieren sind. Durch den Druck möglichst viele Ressourcen in die „gute Sache" zu investieren, sollen indirekte oder Verwaltungskosten gering gehalten werden und führen zu schmalen Fortbildungsbudgets (vgl. ebd., 52f.) SELL und JAKUBEIT nennen dies auch **„organisatorische Magersucht"** (2005, 96). Doch durch qualitative und quantitative Einsparungen, auf Grund insgesamt niedriger Etats, können Störungen und Konflikte weniger gut abgefedert werden, die Flexibilität sinkt, die Komplexität der Notlage steigt (durch Stress und Überlastung; vgl. ebd.) und es stehen nur begrenzt Anreizsysteme für Mitarbeiter_innen (z.B. Gehaltshöhe, beruflicher Aufstiegt) zur Verfügung, die einen Ausgleich bieten könnten (vgl. BAUSCH-WEIß 2004, 324).

Bei der Recherche zu Konzepten der Selbstführung könnte festgestellt werden, dass es keine einheitliche Verwendung gibt und eine synonyme Verwendung mit dem Begriff Selbstmanagement häufig auftritt. In Anlehnung an HABERSTROH werden in dieser Arbeit die Begriffe getrennt und Selbstmanagement als ein Teil der Selbstführung betrachtet, weil zu **Selbstmanagement** überwiegend Strategien zur erfolgreichen Aufgabenerledigung zählen. **Selbstführung** deckt zusätzlich noch eine „höhere Ebene" ab, indem dazu auch übergeordnete Aspekte, wie die Hinterfragung von Motiven und Werten zählen (vgl. 2007, 17, 19). Die schwerpunktmäßige Betrachtung der Selbstführung ist Thema dieses Kapitels. Darüber hinaus wurden bei der Recherche relevante Aspekte zur Selbstführung bei den Autoren STREHMEL und ULBER, SIMSA und PATAK, SELL und JAKUBEIT sowie KALUZA untersucht, herausgearbeitet und versucht daraus Kategorien der Selbstführung zu entwickeln. Dabei haben sich vier Dimensionen herauskristallisiert, welche in Abbildung 24 (S. 95) dargestellt sind. Untereinander sind sie nicht klar voneinander abzugrenzen, sondern gehen ineinander über und beeinflussen sich gegenseitig.

Abbildung 24 - Vier Dimensionen der Selbstführung (eigene Darstellung)

Im Folgenden werden die vier Dimensionen der Selbstführung näher erläutert.

5.4.1 Arbeits- und Ressourcenorganisation

Zu dieser Dimension zählt die Entwicklung und Weiterentwicklung der eigenen fundierten Fachkompetenz zur Arbeit in Kindertageseinrichtungen. Die Leitungskraft entwickelt eigene pädagogische Ideen und nimmt zu wichtigen fachlichen Fragen Stellung, wie z. B. das Bild vom Kind und den Eltern, der Umgang mit Diversität oder auch das pädagogisches Konzept. Dabei vertritt sie ihre Position sowohl dem Team, als auch den Eltern gegenüber und ist zur Auseinandersetzung oder auch ggf. zur Abweichung von eigenen Vorstellungen bereit (vgl. STREHMEL, ULBER 2014 ,15).

Die Kita-Leitung strukturiert und kontrolliert ihr Handeln selbstdiszipliniert, wodurch es berechenbar und professionell wird. So wird den Mitarbeiter_innen ein Gefühl von Sicherheit vermittelt, was besonders in sich schnell verändernden Zeiten und bei starken psychischen Belastungen unterstützend wirkt. Sie setzt sich überlegt und situationsangepasst Ziele und Prioritäten und gestaltet danach ihre Arbeitssituation (z. B. Büro) oder Interaktionen (z. B. Mitarbeiter_innen- und Elterngespräche). Dazu nutzt sie vorhandene Strukturen und Erfahrungen des Trägers oder tauscht sich mit anderen Personen aus. Letztere sind eine besonders hilfreiche Ressource, weil die Führungsposition ein einsamer Job ist. Die Leitungskraft ist nicht mehr ganz Teil des Teams, weil sie am Rand bleiben muss, um ihre Funktionen wahrzunehmen, und steht damit im Spannungsfeld zwischen unterschiedlichen Logiken der Organisation. Außerdem sind bestimmte Fragen mit Vorgesetzten und Mitarbeiter_innen nur schwer zu besprechen. Die Leitung kann sich Unterstützung durch ortsfremde Personen, z. B. Partner_in, Freunde, Coaches, Berater, organisieren oder sie greift auf Führungskräfte der gleichen organisationalen Ebene zurück. Durch die Diskussionen mit Gleichgesinnten stellen sich häufig hilfreiche Erkenntnisse, sowie ein Erleichterungsgefühl ein, dass alle die gleichen Probleme haben und man nicht alleine ist.

Um ein erfülltes und nicht gefülltes Leben zu haben, ist eine gute Zeitplanung sowie innerhalb der berufliches Tätigkeit als auch im Zusammenhang mit „freier" Zeit essentiell. Dadurch soll ein möglichst hohes Maß an Zeitsouveränität gewonnen, die Zeit effektiv genutzt, nötige Freiräume geschaffen (z. B. zur Regeneration) und Ziele (beruflich, familiär, persönlich) erreicht werden (vgl. STREHMEL, ULBER 2014 ,16; KALUZA 2014, 109, 118; SIMSA, PATAK 2008, 56).

5.4.2 Selbstsorgekompetenz

Psychosoziale Kompetenzen

Wie zu Beginn des Kapitels 5.4 „Selbstführung" erwähnt, braucht es psychosoziale Kompetenzen für einen fürsorglichen und reflektierten Umgang mit sich selbst. Deswegen können diese als Querschnittskompetenz innerhalb der Selbstführung betrachtet werden. Es ist wichtig sich auf die Begegnungen mit den Menschen einlassen zu können, dass ein echter Kontakt und Austausch zustande kommt, der auch authentisch ist. Dies zeigt sich beispielsweise im wertschätzenden Umgang mit Mitarbeiter_innen und Eltern, aber auch in der Achtsamkeit sich selbst und anderen gegenüber. Dazu kommt, dass nur eine gute Selbst- und Menschenkenntnis es ermöglichen sich selbst und andere in einem angemessenen Umfang zu fordern und zu fördern. Überdies ist die Führung von NPOs besonders anspruchsvoll und braucht psychosoziale Kompetenzen sowie eine hohe persönliche Reife, um, entgegen den Tendenzen von Informalität, Anordnungen durchzusetzen und das Team über die eigene starke Persönlichkeit zu führen (vgl. SIMSA, PATAK 2008, 50f., 53).

Selbstklärung

Besonders in Organisation in denen wichtige gesellschaftliche Themen (z. B. Kinder- und Menschenrechte verteidigen, Diversität unterstützen) bearbeitet werden, ist es sehr schwer sich abzugrenzen, wodurch eine Tendenz zur (Selbst- du Fremd-)Ausbeutung entsteht. Es ist wichtig, dass die Führungskraft sich selbst schützt und klar abgrenzt, indem sie sich fragt, was sie außer der Arbeit vom Leben erwartet und sich bewusst macht, dass die Führungsposition nur eine ihrer Rollen ist. Die Fähigkeit sich von der Rolle zu distanzieren und gleichzeitig das Engagement aufrecht zu erhalten, stellt eine besondere Herausforderung dar. Doch eine gesunde Distanz zur Funktion, Organisation, Problemen und Konflikten führt zu einer „**funktionalen Leichtigkeit**", die den Umgang mit Schwierigkeiten erleichtert und tragfähige Lösungen ermöglicht (vgl. SIMSA, PATAK 2008, 54f.).

Von der Führungskraft müssen allerdings auch die Bereitschaft und Fähigkeit kommen, in die Führungsrolle bewusst einzuwilligen, trotz der Vielzahl an Widersprüchen, den hohen persönlichen Zumutungen und der Notwendigkeit unangenehme Dinge zu tun (vgl. ebd., 55).

Die Einrichtungsleitung muss sich intensiv mit Anforderungen und Erfahrungen des eigenen Handelns auseinandersetzen. In diesem Rahmen muss sie Klarheit gewinnen über:

- Ihren **Auftrag** sowie die Erwartungen der an der Einrichtung Beteiligten (z. B. Eltern, Personal, Träger),
- Ihre eigene **Rolle** in der Einrichtung (Meisterung des ständigen Rollenwechsels zwischen Kita-Leitung und Gruppendienst),
- Ihre **Haltung** und ihren Anspruch an ihr Können und ihre Professionalität,
- Ihre eigene **Führungsposition** und der damit verbundenen Macht, der Führungskultur und ihrem individuellen Führungsstil und
- Ihre **Pflichten** und **Befugnisse** (vgl. STREHMEL, ULBER 2014, 16).

Selbstreflexion

Eine gute Selbstführung benötigt auch eine Auseinandersetzung mit den eigenen Bedürfnissen, Grenzen, Schwächen, Werten und Wünschen, da diese die Beweggründe des Handelns darstellen. Eine Reflexion der eigenen Motive und Entscheidungen, Kommunikation in verschiedenen Rollen, widersprüchlicher Anforderungen und schwieriger Lebenssituationen ermöglicht es die eigene Haltung und Professionalität weiterzuentwickeln und führt zu klaren Entscheidungen (vgl. STREHMEL, ULBER 2014, 16; SIMSA, PATAK 2008, 50).

Da NPOs häufig wertegeladen sind, gehört das Vertreten eigener starker Werte zu wichtigen Fähigkeiten von Führungskräften, um überzeugend und anschlussfähig agieren zu können. Damit wirkt ihre **wertebasierte Vorbildwirkung** auf zwei Ebenen: Zum einen muss die Führungskraft Werte und Haltungen der Organisation, die nach außen getragen werden sollen, mit besonderer Achtsamkeit vorleben, und zum anderen bildet sie selbst dadurch organisatorische Verbindlichkeiten wie der Einhaltung von Regeln, Beachtung von Vereinbarungen und dem Umgang mit Arbeitszeiten. In diesem Zusammenhang hilft persönliche Reife zu verhindern, dass persönliche Themen oder Problematiken unreflektiert auf Mitarbeiter_innen zu übertragen werden bzw. den Umgang miteinander unangenehm beeinflussen (vgl. SIMSA, PATAK 2008, 42, 52, 53).

Ich-Stärke

Gerade wenn in Organisation persönliche Bindungen eine zentrale Bedeutung haben, ist viel Mut erforderlich: Mut zur Konfrontation, zum Setzen von Grenzen, zu ehrlichem Feedback, zum Verhängen von Sanktionen, zum Überschreiten der eigenen Komfortgrenze und zur Fehlertoleranz bei sich und anderen. Auch in größeren Zusammenhängen ist Mut substanziell, um gesellschaftliche Veränderungen zu erwirken, herrschende Paradigmen in Frage zu stellen, mit Verhältnissen bewusst in Konfrontation zu gehen und um ungewöhnliche Wege zu gehen. Der Unterschied zwischen einer durchschnittlichen und einer guten Führungskraft ist die authentische Liebe zur Tätigkeit, die andere mitreißen kann und richtungsweisend ist. Diese Fähigkeit zeigt sich in Eigenschaften wie Begeisterungsfähigkeit, Charisma und der Fertigkeit Glück und Zufriedenheit empfinden zu können (vgl. STREHMEL, ULBER 2014, 51; SIMSA, PATAK 2008, 51, 54).

Erhaltung psychischer und physischer Gesundheit

Selbstführung bedeutet den Umgang mit sich selbst auf körperlicher, psychischer und geistiger Ebene zu reflektieren sowie den Arbeitsalltag gesund zu gestalten. Führungspersonen, die dies nicht für sich realisieren, werden dies auch nicht bei ihren Mitarbeiter_innen umsetzen können. Dabei besteht eine sehr große Gefahr für die psychische und physische Gesundheit durch Überforderung und Überbeanspruchung, da in sozialen und stark ideologischen Einrichtungen die Neigung übermäßiger individueller Verausgabungsbereitschaft viel stärker ausgeprägt ist als in Wirtschaftsunternehmen (vgl. SIMSA, PATAK 2008, 42).

Ein sorgsamer Umgang mit An- und Entspannung zeigt sich in der regelmäßigen Verschaffung von Erholung und Entlastung. Dadurch wird eine nachhaltige Gesundheitsförderung ermöglicht, die in NPOs häufig dem Zwang zum Auskommen mit geringen Ressourcen und der Ideologie zum Opfer fällt (vgl. ebd., 54). Diese Fähigkeit steht auch stark im Zusammenhang mit der Belastungsbewältigung und Stresskompetenz.

5.4.3 Stress- und Krisenkompetenz

Hier geht es um die Analyse komplexer Zusammenhänge in der Einrichtung, systemisches Denken, eine hohe Problemlösekompetenz und den Umgang mit dem Unvorhergesehenen. Die Konfliktlösefähigkeit ermöglicht es produktiv und reflektiert mit eigenen inneren Konflikten und Widersprüchen umzugehen, Schwierigkeiten von Nähe und Distanz auszuloten und sich mit Veränderungen zu beschäftigen. Ferner hilft sie in Konflikten handlungsfähig zu bleiben, eigene Anteile an Konflikten zu erkennen und sich in die Situation anderer Beteiligter hineinversetzen zu können. Es ist wichtig die Struktur von Konflikten zu erkennen, eine sog. Diagnosefähigkeit zu besitzen, um beispielsweise passende Maßnahmen einzuleiten, mit deren Hilfe Konflikte regelmäßig in der Organisation ausgetragen werden können. Diese Fähigkeit kann doppelt entlastend sein, da Selbstvorwürfe, durch das Erkennen nicht allen Ansprüchen nachkommen zu können, verringert werden. Damit verbunden sind das Aushalten und die Toleranz gegenüber Widersprüchen und sie als normale Arbeitsanforderung sehen zu können, ohne sich von ihnen überwältigen zu lassen (vgl. STREHMEL, ULBER 2014, 16; SIMSA, PATAK 2008, 43, 51, 56).

Überdies gehört dazu ein möglichst großes und flexibel einsetzbares Repertoire an Stressbewältigungsstrategien, das sich durch ein ausgewogenes Verhältnis an instrumentellen, mentalen und regenerativen Strategien auszeichnet (vgl. KALUZA 2014, 91f.). In Kapitel 4 „Individuelles Stressmanagement" (S. 52) werden nähere Informationen dazu gegeben.

5.4.4 Visionäre Fähigkeit

Eine Vision ist ein starkes inneres wunschbehaftetes Bild der zukünftigen Realität. (Wo will ich hin? Wofür mache ich das alles?) Dieses Bild muss vorstellbar und konkret, attraktiv (Antrieb gebend), anspruchsvoll, aber auch realistisch und positiv formuliert sein. Hat die Führungskraft die Fähigkeit zu wünschen und zu träumen, sind die besten Voraussetzungen für eine inspirierende (Selbst-)Führung gegeben. Starke Visionen sind auch im Kontakt mit Mitarbeiter_innen wichtig, weil sie ihnen das Gefühl geben etwas Besonderes zu leisten (vgl. KALUZA 2014, 112; SIMSA, PATAK 2008, 51f.). „Willst du ein Schiff bauen – lehre die Männer die Sehnsucht nach dem Meer" (SAINT-EXUPERY, zit. n. SIMSA, PATAK 2008, 51f.).

Durch die Reflexion von Wünschen sind auch Visionen in Bezug auf die persönliche und berufliche Weiterentwicklung im Sinne der eigenen Karriereplanung relevant. Es gilt Fort- und Weiterbildungsbedarfe abzuklären und konkrete Schritte zu Veränderung des Aufgabenfelds oder der Arbeitsstelle zu unternehmen (vgl. STREHMEL, ULBER 2014, 16).

5.5 Zusammenfassung des Kapitels „Selbstführung" und Schlussfolgerungen

Im vorangegangen Kapitel wurde untersucht welche Besonderheiten es bei der Führung, und damit verbunden der Selbstführung, bei sozialen Einrichtungen (NPOs) gibt. Daraufhin wurde erläutert aus welchen Teilen sich das Aufgabenspektrum von Kita-Leitungen zusammensetzt und verdeutlicht, dass erst das Ineinandergreifen dieser Teile das Leitungshandeln bildet. Aufbauend auf eine Teilaufgabe der Führungstätigkeit innerhalb des Führungspuzzles stand das facettenreiche Thema der Selbstführung in einem besonderen Fokus und wurde durch die Entwicklung und Vorstellung vierer Dimensionen konkretisiert.

NPOs sind geprägt durch die große Bedeutung von Werten und Ideologien. Zusammen mit einem hohen Grad an Widersprüchlichkeit führt es häufig dazu, dass Ziele nur schwer messbar oder gar unerreichbar sind. Zudem erfordert starke Emotionalisierung ein kompetentes Konfliktmanagement, welches durch die Abwehr von Macht und Kontrolle noch an Bedeutung gewinnt.

Die Aufgaben von Führungskräften im sozialen Bereich, hier im Speziellen von Kita-Leitungen sind sehr vielfältig und anspruchsvoll. Sie reichen von klassischen Aufgaben der Arbeits- und Organisationspsychologie über eine systemische Perspektive hin zum intrapersonalen Blick auf die Führungskraft selbst. Um diesen Ansprüchen allen gerecht zu werden ist es wichtig Schwerpunkte zu setzen, für eine Aufgabenerledigung zu sorgen (z. B. durch kompetentes Delegieren) und falls dies nicht möglich ist Missstände aufzuzeigen.

Im Hinblick auf die Selbstführung wurde herausgestellt, dass diese in sozialen Bereichen bereits eher gefördert wird und die Person selbst als Führungspersönlichkeit eine größere Bedeutung hat als in Verwaltungs- und Wirtschaftsunternehmen. Gleichzeitig erschweren Rahmenbedingungen die Persönlichkeitsentwicklung und den fürsorglichen Umgang mit sich selbst. Doch erst eine gute Selbstführung macht es möglich auch das Personal gut zu führen und weiteren Leitungsaufgaben adäquat nachkommen zu können. Die vier Dimensionen der Selbstführung - Arbeits- und Ressourcenorganisation, Selbstfürsorgekompetenz, Stress- und Krisenkompetenz und visionäre Fähigkeit - geben einen Überblick, welche Fähigkeiten einer Führungskraft helfen sich selbst gut zu führen. Dabei ist es keineswegs schlimm diese Eigenschaften im Moment nicht alle zu vereinen. Ein wichtiger Teil der Selbstführung ist die bewusste Weiterentwicklung und das Wissen, was man persönlich noch erreichen möchte oder wohin man will. „Wer glaubt, etwas zu sein, hat aufgehört, etwas zu werden." (SOKRATES, zit. n. SIMSA, PATAK 2008, 49)

Wie eine Selbstführung nicht nur gut, sondern gesundheitserhaltend oder gar gesundheitsfördernd gestaltet werden soll, wird im folgenden Kapitel zusammen getragen.

6 Salutogene Selbstführung in der Sozialen Arbeit

Nachdem sich in den vorangegangen Kapiteln viel mit Gesundheit und deren Entstehung, Stress und dessen Bewältigung sowie der Führung von sich selbst und sozialen Einrichtungen auseinandergesetzt wurde, soll in diesen Kapitel die Frage betrachtet werden: „Was erhält mich im Beruf gesund?". Wie kann sich folglich eine Führungskraft im sozialen Bereich selbst gesundheitsfördernd führen?

Dazu muss sich jede Führungskraft zuallererst mit ihrem persönlichen Gesundheitsbegriff auseinandersetzen, um für sich selbst zu klären wie umfangreich sich der Begriff erstreckt und welche gesundheitlichen Ziele sie erreichen möchte. Des Weiteren ist es wichtig Kenntnisse über Gesundheits- und Stress-Modelle zu erlangen. Denn nur was eine Person benennen kann, kann sie erkennen und darauf aufbauend auch managen. ANTONOVSKYS Lösung zur Entmystifizierung der Gesundheit[16] ist das Kohärenzgefühl. Demzufolge ist das **Ziel einer salutogenen Selbstführung** das Führen der eigenen Person zur Kohärenz.

Die vorangegangen Beschreibungen der arbeitspsychologischen Konzepte, des Modells der Salutogenese sowie des transaktionalen Stressmodells können als Analyseinstrumente genutzt werden, um die eigene Berufssituation gesundheitsförderlicher zu gestalten. Dafür ist die Reflexion der eigenen Situation und individuellen Bedürfnisse zentral: Was gefällt mir? Was belastet oder stresst mich und warum? Wie kann ich meinen Flusslauf gestalten, damit ich gut schwimmen kann? Auf diese Weise können individuelle Ressourcen und Stressoren ermittelt und gezielt beeinflusst werden. Auch die Analyse der eigenen Kohärenzgefühlsausprägung kann hilfreich sein. Mit Hilfe dieser Erkenntnisse können vorhandene Bewältigungsstrategien besser genutzt, ergänzt oder neue aufgebaut werden sowie daraus folgend das Erleben und Verhalten ressourcenfördernd gestaltet werden. Das macht es möglich Arbeitsbedingungen und Lebensstil hin zu einem gesünderen Berufsalltag zu verändern, sodass Stress- und Gesundheitsrisiken gesenkt und Arbeitsmotivation, das Gefühl der Belastungsbalance, Lebensfreunde und Leistungsfähigkeit gesteigert werden können.

---

[16] „Salutogenese – Zur Entmystifizierung der Gesundheit" (1997) - Titel von ANTONOVSKYS einschlägigstem Werk im deutschen Sprachraum

In der Theorie klingt es sehr schön „Stress- und Gesundheitsrisiken" innerhalb der eigenen Führungstätigkeit zu senken, doch wie kann dies erreicht werden? Aufgrund des Strebens der Selbstführung zur Kohärenz müssen die einzelnen Teilaspekte des SOC gefördert werden. Die Gesichtspunkte zum willentlichen Ausbau und zur Weiterentwicklung der „globale[n] Stressbewältigungsressource" (FRANKE 2012, 178) und der Stresskompetenz wurden aus den vorherigen Kapiteln zusammengetragen. Zur besseren Übersicht wird dies nach den drei Dimensionen des Kohärenzgefühls strukturiert. Dabei wurden die vier entwickelten Dimensionen der Selbstführung mitbedacht, konnten aber nicht direkt aufgeführt werden, weil sich die Themen Persönlichkeitsentwicklung und führsorglicher Umgang mit sich quer durch alle SOC-Ebenen ziehen und in jeder einen Anteil haben. Es kann nur tendenziell zusammengefasst werden, dass sich die Bedeutsamkeit überwiegend im Rahmen der Selbstsorgekompetenz bewegt und die Handhabbarkeit sehr viele Aspekte der Arbeits- und Ressourcenorganisation vereint. Die Verstehbarkeit umfasst alle Bereiche sehr gemischt. Allerdings kommt die visionäre Fähigkeit der Führungskraft in den SOC-Dimensionen nicht sehr deutlich heraus, zeigt sich aber in der Strukturierung zukünftigen Arbeitshandelns, Entwicklung neuer Bewältigungsfähigkeiten und Ermittlung und Umsetzung wichtiger Lebensziele bzw. -visionen.

6.1 Förderung der Verstehbarkeit der Führungsposition

Zentral dafür ist die Schaffung von Konsistenz im Arbeitsalltag. Es sollte eine gewisse Regelhaftigkeit und Strukturiertheit innerhalb des Tätigkeitsbereichs herrschen, sodass Zusammenhänge erkennbar und erklärbar werden. Dies geschieht beispielsweise durch klare Aufgaben- und Kompetenzverteilungen und Einteilung von Arbeitsphasen. Doch auch Strukturierung von Besprechungen, Entwicklungsprozessen und der Kommunikation, z. B. in Form klarer Aussagen oder Gesprächstechniken, können Informationen fließen lassen und Transparenz schaffen. Es gilt zudem die eigene Rolle als Führungsperson für sich selbst zu definieren, zu strukturieren und für Mitarbeiter_innen deutlich zu machen. Überdies hilft eine umfassende Selbstreflexion die Verstehbarkeit zu verbessern – nur wenn eine Führungskraft eine gute Kenntnis über sich selbst hat, kann sie Defizite erkennen und Fehlbelastungen vermeiden.

Auch die beste Planung kann nicht immer unvorhergesehenen Ereignissen standhalten. Deswegen heißt es in diesem Fall Ruhe zu bewahren, die unklare Situation versuchen zu strukturieren (z. B. durch Einholen von Informationen) und anschließend weitere Schritte einzuleiten.

6.2 Förderung der Handhabbarkeit der Führungsposition

Durch Stärkung und Entwicklung vorhandener Fähigkeiten und dem Kennenlernen und Ausprobieren neuer Bewältigungsstrategien kann das Handlungsspektrum der Führungskraft erweitert werden. Um flexibel mit vielfältigen Belastungssituationen umgehen zu können, ist ein ausgewogenes Verhältnis zwischen Strategien zur Beseitigung von Stressoren (instumentell), zur Umwandlung persönlicher Stressverstärker in gesundheitsförderliche Denkmuster (mental) und zur Beeinflussung der Stressreaktion (regenerativ) erforderlich. Dabei sollten individuelle und betriebliche (strukturelle) Stressbewältigungsformen aufeinander abgestimmt werden, da sie ständig in wechselseitiger Beziehung stehen (transaktional). Zudem ist es entscheident systematisch Pausen, Erholungszeiten und Entspannungsübungen einzuplanen, um eine Balance zwischen Belastung und Erholung zu schaffen. Auch im Verhältnis zwischen Berufs- und Privatleben sollte ein wohlüberlegtes Gleichgewicht erreicht werden. Dazu zählt vor allem einschätzen zu können, wann Zeit ist, um aktiv zu sein und zu kämpfen sowie sich zu erholen und zu genießen, weil dafür jeweils unterschiedliche Fähigkeiten benötigt werden. Zur Sicherung der Handhabbarkeit ist es wichtig aktiv und problembezogen zu handeln. Beispielsweise sollten Probleme und Konflikte (auch innere) aktiv angesprochen werden, damit sich keine negative Gefühle aufstauen können. In diesem Rahmen müssen auch Ressourcen geklärt und gesichert werden, wie z. B. sozialer Rückhalt oder Rückmeldesysteme der Mitarbeiter_innen. Des Weiteren zählt hierzu das selbstsichere Vertreten der eigenen Interessen, weil dadurch Handlungsspielräume ausgetestet, klar abgegrenzt und Anforderungen reguliert werden können.

6.3 Förderung der Bedeutsamkeit der Führungsposition

Um gezielt mit den eigenen Kräften zu haushalten, müssen persönlich wichtige Aufgaben- und Lebensbereich priorisiert werden. Was möchte ich erreichen? Was ist mir wichtig? Wo lohnt es sich (nicht) Energie hinein zu stecken? Worin sehe ich den Sinn meiner Arbeit? Eine Reflexion der eigenen Werte und Ziele kann im Abgleich mit Werten und Zielen der Organisation hilfreich sein, um Zugang zur eigenen Arbeitsmotivation zu finden. Zudem ist es zentral zu erleben als Individuum Führungskraft bedeutend sowie Teil von etwas zu sein und Einfluss zu haben (Selbstwirksamkeit). Im Arbeitsalltag könnte dies z. B. durch die Teilhabe an Entwicklungsprozesse realisiert werden.

Durch die Förderung dieser drei Teilteilaspekte ist es möglich stresshafte Situation systematisch und mit ausreichender Distanz zu betrachten sowie flexibel zu reagieren. Dies macht eine langfristige Verhaltensänderung Richtung Gesundheitspol möglich und kann bedeuten, dass frühere nicht zu bearbeitende Arbeitskonflikte künftig ohne große Mühe gelöst werden können.

6.4 Herausforderungen im Sozialen Bereich

Neben den großen Anstrengungen, die solche Reflexionen und persönlichen Entwicklungsprozesse mit sich bringen, kommen die spezifischen Herausforderungen für Führungskräfte im Sozialen Bereich dazu. Themen wie Werte und Ideologien, Widersprüchlichkeit, schwer erreichbare Ziele oder Emotionen sind individuell bereits schwierig zu klärende Themen, müssen jedoch regelmäßig im Berufsalltag auf Organisationsebene mit den Mitarbeiter_innen bearbeitet werden. Dazu kommt ein Unbehagen der Belegschaft gegen Führung, Macht und Kontrolle, die zusammen mit anspruchsvollen Arbeitsbedingungen eine zusätzliche Schwierigkeit darstellt. Die Arbeitsbedingungen zeichnen sich durch die „organisatorische Magersucht" (SELL, JAKUBEIT 2005, 96) und, wie die BUNDESANSTALT FÜR ARBEITSSCHUTZ UND ARBEITSMEDIZIN (BAuA) im Stressreport 2012 feststellte, durch Spitzenwerte in folgenden Bereichen aus: Arbeiten an Grenze der Leistungsfähigkeit, verschiedene Arbeiten gleichzeitig betreuen/ sehr schnell arbeiten, nicht selbst entscheiden, wann Pause gemacht wird/ Pausenausfall, Stresszunahme und damit verbundene fachliche und mengenmäßige

Überforderung, körperliche und psychischen Beschwerden sowie Erschöpfungszustände (vgl. BAuA 2012, 44, 45, 59, 74, 89, 98). Diese Voraussetzungen machen die Selbstführung zu einer herausfordernden Aufgabe, weil der stetige Blick auf sich selbst und das Organisieren von Unterstützungsmöglichkeiten sowie von Freiräumen (z. B. für Ruhephasen oder Reflexion) erschwert wird.

6.5 Bedeutung für die Soziale Arbeit

Führungskräfte stellen, zumindest vor einer ernsthaften Erkrankung, keine typische Zielgruppe der Sozialen Arbeit dar. Dennoch ist es Aufgabe der Profession alle Menschen zu unterstützen, die einen subjektiv empfundenen oder objektiv feststellbaren (auch gesundheitlichen) Bedarf haben und die ihre daraus entstehenden Probleme „aus eigener Kraft nicht bewältigt werden können" (DBSH 2009, 1).

Die Krankenzahlen hinsichtlich psychischer Belastung steigen enorm an und besonders im sozialen Bereich zeigen sich überdurchschnittlich hohe Beanspruchungs- und Stressfolgen. Die steigende Tendenz zeigt, dass die Situa-tion nicht mehr alleine von der Führungskraft, sowohl als Individuum, als auch als Gruppe, gemeistert werden kann. Soziale Arbeit kann die Aufgabe übernehmen, präventiv Führungskräfte in Sozialberufen zu befähigen ihre alltäglichen Belastungen durch Berufsstress zu bearbeiten, um langfristig handlungsfähig zu bleiben und ihre Verwirklichungschancen zu steigern.

Soziale Arbeit soll problematische Entwicklungen öffentlich machen (vgl. DSBH 2009, 1, 2), wie z. B. das zunehmende Erkrankungsrisiko der „eigenen" Führungskräfte, und auf Veränderungen solcher gesellschaftlicher Rahmenbedingen Einfluss zu nehmen. Um Belastungen für diese Gruppe dauerhaft zu verringern, wären sozialpolitische Bemühungen, z. B. durch Verbesserungen von Arbeitsschutzmaßnahmen, strukturelle Förderung von Stressbewältigungskompetenzen oder flexiblere Arbeitsbedingungen, ein möglicher Ansatzpunkt. Dies könnte zudem helfen dem Fachkräftemangel in den Sozialwissenschaften (vgl. BERTELSMANN-STIFTUNG 2010) entgegenzuwirken.

Darüber hinaus sind derzeit sozialpädagogische Hilfen häufig schambesetzt. Dazu kommt die Idee von „perfekt funktionierende[n]' Führungskräfte[n]" (SIMSA, PATAK 2008, 57), die keine Hilfe, Weiterentwicklung oder Bildung benötigen, weil sie schon alles können sollten, und eine Inanspruchnahme nochmals erschweren. Wenn die

Soziale Arbeit auch "wohlhabende", „angesehene" und „führende" Personen unterstützt, könnte es dazu beitragen die Inanspruchnahme von Unterstützungsangeboten zu normalisieren.

7 Zusammenfassung der Ergebnisse und Ausblick

Ziel dieser Arbeit war es herauszufinden wie Führungskräfte im Sozialen Bereich den inneren und äußeren Anforderungen an ihrer Position gerecht werden und gleichzeitig ihre Gesundheit erhalten oder sogar verbessern können. Es sollte ermittelt werden wie sie alltägliche psychische Beanspruchungen und Stress bei sich selbst erkennen und wie sie diese angemessen meistern können.

Es wurde aufgeklärt, dass Gesundheit durch die **Stärkung des Kohärenzgefühls** entsteht und dass eine bewusste Förderung der Teilvariablen - Verstehbarkeit, Handhabbarkeit und Bedeutsamkeit - eine Veränderung in Richtung Gesundheit im Gesundheits-Krankheits-Kontinuum bewirken kann. Da ein ausgeprägtes Kohärenzgefühl den Umgang mit Belastungen erleichtert, wird es auch als „globale Stressbewältigungsressource" (FRANKE 2012, 178) bezeichnet.

Die Stressreaktion ist ein Überbleibsel aus der Zeit als die Menschen noch im wahrsten Sinne des Wortes Jäger und Sammler waren und ermöglicht es, alle Kraftreserven des Körpers zu aktivieren, um das Überleben zu sichern. Sie entsteht durch eine **Bewertung** der aktuellen Situation als stresshaft in Kombination mit der Erwartung zu wenige Bewältigungsressourcen zur Verfügung zu haben.

Durch Kenntnis dieser theoretischen Hintergründe ist es für eine Führungskraft leichter belastende Situationen zu identifizieren, zu verstehen und diesen aktiv entgegen zu treten. Arbeitspsychologische Modelle können helfen berufsspezifische Schwerpunkte mehr in den Blick zu nehmen.

Eine ausgeprägte Stresskompetenz zeichnet sich durch ein **großes Repertoire an Bewältigungsstrategien** aus, die gleichermaßen auf die Beseitigung von Stressoren zielen (instrumentell), persönliche Stressverstärker in gesundheitsförderlich Denkmuster umwandeln (mental) und die eigene Stressreaktion beeinflussen können (regenerativ). Dadurch wird ermöglicht Situation systematisch und mit ausreichender Distanz wahrzunehmen sowie flexibel und situationsangemessen zu reagieren. Langfristig kann so eine Verhaltensänderung im Umgang mit Belastungen erreicht werden.

Da ein Zusammenhang zwischen Führung und Gesundheit besteht, sind ein gelungenes Stressmanagement und eine gesundheitsförderliche Gestaltung des Berufsalltags für Führungskräfte von immenser Bedeutung.

Führungskräfte im Sozialen Bereich müssen einem anspruchsvollen und umfangreichen Aufgabenspektrum, großer Verantwortung für sich selbst und andere sowie den Besonderheiten, die mit der Führungstätigkeit in sozialen Einrichtungen einhergehen, nachkommen. Sie sind einerseits für die betriebswirtschaftliche, pädagogische sowie personelle Führung der Einrichtung zuständig und sollen zusätzlich zukunftsorientierte Strategien entwickeln, sich auf relevante Kontexte konzentrieren und sich gleichzeitig selbst kompetent führen. Zudem können die Anforderungen durch eine „Sandwich"-Position die führende Person zusätzlich belasten.

In der Gewichtung der Aufgaben des Leitungshandelns wird eine gesundheitsorientierte Selbstführung häufig vernachlässigt und als „lästige Zusatzaufgabe" (GERARDI et al. 2014., 19f.) abgetan. Dabei ist diese besonders wichtig, weil sie das **Herzstück des gesamten Leitungshandelns** darstellt (besonders anschaulich im „Führungspuzzle" verdeutlicht). Sie ist Voraussetzung für einen kompetenten und glaubwürdigen Umgang mit der Führungsrolle, eine erfolgreiche Bewältigung der Führungsaufgaben, den Erhalt und die Förderung der eigenen Gesundheit sowie für den Schutz vor unreflektierter Übertragung eigener Themen auf Mitarbeiter_innen. Eine erfolgreiche Selbstführung ermöglicht es der Führungskraft die eigene Leistungsfähigkeit zu erhalten und zu verbessern sowie Arbeitsmotivation, Lebensqualität und das Gefühl von Belastungsbalance zu steigern. Dieses Verhalten wirkt sich außerdem im Arbeitsalltag aus und kann damit an die Mitarbeiter_innen weitergegeben werden (Vorbildfunktion).

Zur Selbstführung gehören der **reflektierte Umgang** mit der Führungstätigkeit, eigenen Bedürfnissen und Erwartungen, sowie die **gezielte Weiterentwicklung** der Persönlichkeit und der Führungskompetenzen. Eine kompetente Selbstführung kann durch gezielten Auf- und Ausbau der Teilaspekte der Selbstführung - Arbeits- und Ressourcenorganisation, Selbstfürsorgekompetenz, Stress- und Krisenkompetenz und visionäre Fähigkeit - erreicht werden. Dabei ist es vollkommen in Ordnung diese Fähigkeiten und Kompetenz noch nicht tadellos zu beherrschen, da die fortwährende und zielorientierte Weiterentwicklung ein wichtiger Bestandteil ist.

Doch was macht eine Selbstführung gesundheitsförderlich oder salutogen? Gesundheit macht bereits einen Teil der Selbstführung aus, doch mit der Konkretisierung „salutogen" wird der stärkere Fokus auf Gesundheit hervorgehoben und die Nähe zum Modell der Salutogenese betont. Sie zielt auf das **Führen der eigenen Person zur Kohärenz.** Dies wird erreicht indem die einzelnen Komponenten des Kohärenzgefühls gezielt gefördert werden. Die Selbstführungsdimensionen ziehen sich dabei quer durch alle SOC-Ebenen und haben in jeder einen Anteil. Die Verstehbarkeit wird durch Regelhaftigkeit, Strukturierung und Transparenz (Konsistenz) verbessert. Zur Steigerung der Handhabbarkeit ist eine Balance zwischen Phasen der Anspannung und problemorientierten Handeln sowie Phasen der Entspannung und des Genusses zentral. Dieses Gleichgewicht kann auch auf das Verhältnis von Beruf und Familie bzw. Freizeit übertragen werden. Eine Förderung der Bedeutsamkeit ist durch den gezielten Einsatz der eigenen Kräfte in Arbeitsschwerpunkte, die der Führungskraft persönlich wichtig sind, möglich (was nicht gleichbedeutend ist mit einem Vernachlässigen wichtiger Führungsaufgaben). Dazu ist es notwendig selbst die Erfahrung zu machen, als Individuum auf dieser Führungsposition wichtig zu sein und eine Wirkung zu haben.

Dadurch dass der salutogenetische Ansatz konzeptionell dem transaktionalen Stressmodell sehr nahe steht, verbunden mit der ressourcenorientierten Erweiterung, kann er sich stressreduzierend und gesundheitsfördernd auswirken. Von der Verbindung mit diesem Modell wird eine noch zielgerichtetere Gestaltung eines gesundheitsförderlichen Berufsalltags erwartet.

In Zeiten des demografischen Wandels, des Fachkräftemangels, der Flexibilisierung (BECK), der Individualisierung (SENNETT) sowie der Zunahme von Stress und Arbeitsanforderungen, wird das Thema der salutogenen Selbstführung vermutlich noch mehr an Bedeutung gewinnen. Doch obwohl eine individuelle Gesundheitsförderung notwendig und wichtig ist, müssen - im Sinne der Dialektik von Verhalten und Verhältnissen - auch gesellschaftliche Entwicklungen in Richtung gesundheitsfördernder Arbeitsplatzgestaltung gehen, um greifbare Veränderungen zu bewirken. Dementsprechend gilt es politische Maßnahmen durchzusetzen, die auch den Arbeitsschutz an die gewandelten Arbeitsbedingungen anpassen und beispielsweise Fortbildungen zur (Weiter-) Entwicklung von Stresskompetenz, psychosozialen Kompetenzen oder

Persönlichkeitsentwicklung aktiv fördern. Bildlich gesprochen bedeutet dies den Flusslauf zu verändern, Begradigungen des Flussbettes zu beseitigen und damit Platz für kleine Erholungsstellen, Bereiche mit geringer Strömung zur Entspannung, Weiterentwicklung, und ähnlichem zu schaffen.

.

Literaturverzeichnis

Antonovsky, Aaron. 1997. *Salutogenese – Zur Entmystifizierung der Gesundheit* . Tübingen : DGVT-Verlag, 1997.

Backer, Jane H., et al. 2005. Die Bewältigung von Stress - Programme der Pflegeforschung. [Buchverf.] Virginia Hill Rice. *Stress und Coping - Lehrbuch für Pflegepraxis und -wissenschaft. Aus dem Amerikanischen von Astrid Hildenbrand. Deutschsprachige Ausgabe bearbeitet von Rudolf Müller. Deutschsprachige Ausgabe herausgegeben von Patrick Muijsers.* Bern : Hans Huber Verlag, 2005.

Badura, Bernhard. 1993. Gesundheitsförderung durch Arbeits- und Organisationsgestaltung – Die Sicht des Gesundheitswissenschaftlers. [Buchverf.] H. Demmer & K. Hurrelmann J.M. Pelikan. *Gesundheitsförderung durch Organisationsentwicklung - Konzepte, Strategien und Projekte für Betriebe, Krankenhäuser und Schulen.* Weinheim, München : Juventa., 1993, S. 20–33.

Baro, Franz, et al. 1996. Sense of coherence in caregivers to demented elderly persons in Belgium. [Buchverf.] Costas N. Stefanis, Hanns Hippius und Franz Müller-Spahn. *Neuropsychiatry in old age - An update.* Seattle : Hogrefe & Huber, 1996, S. 145–156.

Bausch-Weiß, Gisela. 2004. Best-Practive-Personalbindestrategien in Non-Profit-Organisatione. [Buchverf.] Reiner Bröckermann und Werner Pepels. *Personalbindung – Wettbewerbsvorteile durch strategisches Human Resource Management.* Berlin : Erich-Schmidt-Verlag, 2004, S. 323-342.

Becker, Peter. 1982. *Psychologie der seelischen Gesundheit.* Göttingen : Hogrefe, 1982. Bde. 1: Theorien, Modelle, Diagnostik.

—. 1995. *Seelische Gesundheit und Verhaltenskontrolle - Eine integrative Persönlichkeitstheorie und ihre klinische Anwendung.* Göttingen : Hogrefe, 1995.

Bengel, Jürgen. 2001. *Was erhält Menschen gesund? - Antonovskys Modell der Salutogenese - Diskussionsstand und Stellenwert - Eine Expertise von Jürgen Bengel, Regine Strittmatter und Hildegard Willmann im Auftrag der BZgA.* Erweiterte Neuauflage. Köln : Bundeszentrale für gesundheitliche Aufklärung (BZgA), 2001. Bd. 6 Forschung und Praxis der Gesundheitsförderung.

Bertelsmann-Stiftung. 2010. Gute Aussichten für Arbeitnehmer in Deutschland. [Online] 2010. [Letzter Zugriff am: 24. 02. 2015.] http://www.bertelsmann-stiftung.de/de/presse-startpunkt/presse/pressemitteilungen/pressemitteilung/pid/gute-aussichten-fuer-arbeitnehmer-in-deutschland/.

Bibliographisches Institut. 2013a. Disstress, Dysstress, der. [Online] Dudenverlag, 2013a. [Letzter Zugriff am: 22. 10. 2014.] http://www.duden.de/rechtschreibung/Disstress.

—. **2013b.** Eustress, der. [Online] Dudenverlag, 2013b. [Letzter Zugriff am: 22. 10. 2014.] http://www.duden.de/rechtschreibung/Eustress.

—. **2013c.** gratifizieren. [Online] Dudenverlag, 2013c. [Letzter Zugriff am: 24. 10. 2014.] http://www.duden.de/rechtschreibung/gratifizieren.

—. **2013d.** Resilienz, die. [Online] Dudenverlag, 2013d. [Letzter Zugriff am: 06. 01. 2015.] http://www.duden.de/rechtschreibung/Resilienz.

—. **2013e.** salutogen. [Online] Dudenverlag, 2013e. [Letzter Zugriff am: 26. 08. 2013.] http://www.duden.de/rechtschreibung/salutogen.

—. **2013f.** Salutogenese, die. [Online] Dudenverlag, 2013f. [Letzter Zugriff am: 26. 08. 2013.] http://www.duden.de/rechtschreibung/Salutogenese.

Broda, M., et al. 1996. *Die Berus-Studie - Zur Ergebnisevaluation der Therapie psychosomatischer Störungen bei gewerblichen Arbeitnehmern.* Bad Münstereifel : Westkreuz-Verlag, 1996.

Brown, Juanita und Isaacs, David. 2007. *Das World Cafe - Kreative Zukunftsgestaltung in Organisationen und Gesellschaft* . Heidelberg : Carl Auer, 2007.

Bundesanstalt für Arbeitsschutz und Arbeitsmedizin (BAuA). 2012. *Stressreport Deutschland 2012 - Psychische Anforderungen, Ressourcen und Befinden.* Dortmund/Berlin/Dresden : Bundesanstalt für Arbeitsschutz und Arbeitsmedizin (BAuA), 2012.

Bundesverband der Unfallkassen (BUK). 2005. Psychische Belastungen am Arbeits- und Ausbildungsplatz – ein Handbuch - Phänomene, Ursachen, Prävention. [Online] 2005. [Letzter Zugriff am: 24. 01. 2015.] http://www.ergonassist.de/Publikationen/Psych.Belastung_GUV_I_8628.pdf.

Callahan, Leigh F. und Pincus, Theodore. 1995. The sense of coherence scale in patients with rheumatoid arthritis. [Buchverf.] M. L. Caltabiano und M Holzheimer. *Arthritis Care and Research.* 8. 1995, S. 28–35.

Dangoor, Nira und Florian, Victor. Women with chronic physical disabilities - correlates of their long-term psychosocial adaptation. *International Journal of Rehabilitation Research.* 17. S. 159-168.

Deutsche Gesellschaft für Personalführung e.V. (DGFP). 2011a. *Mit psychisch beanspruchten Mitarbeitern umgehen – ein Leitfaden für Führungskräfte und Personalmanager.* PraxisPapier 6 / 2011. Düsseldorf : Deutsche Gesellschaft für Personalführung e.V. (DGFP), 2011a.

—. **2011b.** *Psychische Beanspruchung von Mitarbeitern und Führungskräften.* [Hrsg.] Deutsche Gesellschaft für Personalführung e.V. (DGFP). Praxispapier 2 / 2011. Düsseldorf : s.n., 2011b.

Deutscher Berufsverband für Soziale Arbeit e.V. (DBSH). 2009. Grundlagen für die Arbeit des DBSH - Berufsbild für Sozialarbeiter/innen und Sozialpäda-gogen/innen. [Online] 2009. [Letzter Zugriff am: 20. 11. 2014.] http://www.dbsh.de/fileadmin/downloads/Berufsbild.Vorstellung-klein.pdf.

Eriksson, Monica. 2007. *Unravelling the Mystery of Salutogenesis - The Evidence Base of the Salutogenic Research as Measured by Antonovsky's Sense of Coherence Scale.* Turku : Folkhälsan Research Centre, 2007.

Franke, Alexa. 2012. *Modelle von Gesundheit und Krankheit.* 3. überarbeitete Auflage. Bern : Verlag Hans Huber, 2012.

—. **1997.** *Salutogenese - Zur Entmystifizierung der Gesundheit (deutsche Herausgabe).* Tübingen : DGVT Deutsche Gesellschaft für Verhaltenstherapie, 1997.

Franke, Alexa und Witte, Maibritt. 2009. *Das HEDE-Training - Manual zur Gesundheitsförderung auf Basis der Salutogenese.* Bern : Huber, 2009.

Franz, A. W., Carey, M. P. und Jorgensen, R. S. 1993. Psychometric evaluation of Antonowsky's sense of coherence scal. *Psychological Assessment.* 5. Göttingen : Beltz, 1993, S. 145–153.

Gerardi, Claudia, et al. 2014. Fachkonzept Führung und psychische Gesundheit. [Online] 2014. [Letzter Zugriff am: 25. 11. 2014.] Deutsche Gesetzliche Unfallversicherung (DGUV). http://www.dguv.de/medien/inhalt/praevention/fachbereiche/fb-gib/documents/broschuere_fuehrung.pdf.

Greif, Siegfried. 1991. Stress in der Arbeit – Einführung und Grundbegriffe. [Buchverf.] Siegfried Greif, Eva Bamberg und Norbert Semmer. *Psychischer Stress am Arbeitsplatz.* Göttingen : Hogrefe, 1991, S. 1–28.

Große Boes, Stefanie und Kaseric, Tanja. 2006. *Trainer-Kit - Die wichtigsten Trainingstheorien, ihre Anwendung im Seminar und Übungen für den Praxistransfer.* Bonn : managerSeminare Verlags GmbH, 2006.

Haberstroh, Martin. 2007. *Individuelle Selbstführung in Projektteams.* Wiesbaden : Deutscher Universitäts-Verlag, 2007.

Hemetsberger, Paul. 2014a. dict.cc - Deutsch-Englisch-Wörterbuch. *rating scale.* [Online] 2014a. [Letzter Zugriff am: 27. 10. 2014.] http://www.dict.cc/?s=rating+scale.

—. **2014b.** dict.cc - Deutsch-Englisch-Wörterbuch. *readjustment.* [Online] 2014b. [Letzter Zugriff am: 27. 10. 2014.] http://www.dict.cc/?s=Readjustment+.

—. **2014c.** dict.cc - Deutsch-Englisch-Wörterbuch. *sense.* [Online] 2014c. [Letzter Zugriff am: 25. 11. 2014.] http://www.dict.cc/?s=Sense.

—. **2014d.** dict.cc - Deutsch-Englisch-Wörterbuch. *stress.* [Online] 2014d. [Letzter Zugriff am: 22. 10. 2014.] http://www.dict.cc/?s=stress.

Herzog, Silvio. 2007. *Beanspruchung und Bewältigung im Lehrerberuf.* Münster : Waxmann Verlag, 2007.

Hurrelmann, Klaus. 2006. *Gesundheitssoziologie - eine Einführung in sozialwissenschaftliche Theorien von Krankheitsprävention und Gesundheitsförderung.* 6. vollständig überarbeitete Auflage. Weinheim : Juventa-Verlag, 2006.

Johnson, Jeffrey V. und Johansson, Gunn. 1991. *The psychosocial work environment and health - Work organizations, democratization and health.* New York : Baywood, 1991.

Kals, Elisabeth und Gallenmüller-Roschmann, Jutta. 2011. *Arbeits- und Organisationspsychologie – kompakt.* 2. überarbeitete Auflage. Weinheim : Belz-Verlag, 2011.

Kaluza, Gert. 2014. *Gelassen und sicher im Stress - Das Stresskompetenz-Buch - Stress erkennen, verstehen, bewältigen.* 5. korrigierte Auflage. Berlin, Heidelberg : Springer-Verlag, 2014.

—. 2011. *Stressbewältigung - Trainingsmanuals zur psychologischen Gesundheitsförderung.* 2.vollständig überarbeitete Auflage. Berlin Heidelberg : Springer-Verlag , 2011.

Karasek, Robert und Theorell, Töres. 1990. *Healthy Work. Stress, Productivity, and the Reconstruction of Working Life.* New York : Basic Books, 1990.

Langeland, Eva, et al. 2006. The effect of salutogenic treatment principles on coping with mental health problems - A randomised controlled trial. *Patient Education and Counseling.* 62. 2006, S. 212-219.

Larsson, Gerry und Kallenberg, Kjell O. 1996. Sense of coherence, socioeconomic conditions and health. *European Journal of Public Health.* 6. 1996, S. 175-180.

Lazar, Anna, Sandell, Rolf und Grant, Johan. 2006. Do psychoanalytic treatments have positive effects on health and health care utilization? Further findings of the Stockholm Outcome of Psychotherapy and Psychoanalysis Project (STOPPP). *Psychotherapy Research.* 16(1). 2006, S. 51-66.

Lazarus, Richard S. 2005. Stress, Bewältigung und Emotionen - Entwicklung eines Modells. [Buchverf.] Virginia Hill Rice. *Stress und Coping - Lehrbuch für Pflegepraxis und -wissenschaft. Aus dem Amerikanischen von Astrid Hildenbrand. Deutschsprachige Ausgabe bearbeitet von Rudolf Müller. Deutschsprachige Ausgabe herausgegeben von Patrick Muijsers.* Bern : Verlag Hans Huber, 2005, S. 231-263.

—. 1998. *The Life and Work of an Eminent Psychologist: Autobiography of Richard Lazarus.* New York : Springer, 1998.

Lazarus, Richard S. und Folkman, Susan. 1986. Cognitive theories of stress and the issue of circularity. [Buchverf.] Mortimer H. Appley und Richard A. Trumbull. *Dynamics of Stress - Physiological, Psychological and Social Perspectives.* New York : Springer, 1986, S. 63–80.

—. **1984.** *Stress, Appraisal, and Coping.* New York : Springer , 1984.

Lazarus, Richard S. und Launier, Raymond. 1981. Stressbezogene Transaktionen zwischen Person und Umwelt. [Buchverf.] Jürgen R. Nitsch. *Stress - Theorien, Untersuchungen, Maßnahme.* Bern : Huber, 1981, S. 123–259.

Lundberg, Olle. 1997. Childhood conditions, Sense of Coherence, social class and adult ill health - Exploring their theoretical and empirical relations. *Social Science and Medicine.* 44. s.l. : Suhrkamp, 1997, S. 821-831.

Lutz, R., et al. 1998. Operationalisierung des Kohärenzgefühls von Antonovsky und deren theoretische Implikationen. [Buchverf.] Margraf J., Siegrist J. und S. Neumer. *Gesundheits- oder Krankheitstheorie? Saluto- verses pathogenetische Ansätze im Gesundheitswesen.* Berlin : Springer, 1998, S. 171-185.

Lyon, Brenda L. 2005. Stress, Bewältigung und Gesundheit - Konzepte im Überblick. [Buchverf.] Virginia Hill Rice. *Stress und Coping - Lehrbuch für Pflegepraxis und -wissenschaft. Aus dem Amerikanischen von Astrid Hildenbrand. Deutschsprachige Ausgabe bearbeitet von Rudolf Müller. Deutschsprachige Ausgabe herausgegeben von Patrick Muijsers.* Bern : Verlag Hans Huber, 2005, S. 25-48.

McSherry, W. C. und Holm, J. E. 1994. Sense of coherence - Its effects on psychological and physiological processes prior to, during, and after a stressful situation. *Journal of Clinical Psychology.* 50. 1994, S. 476-487.

Middeldorf, Ina. 2011. Personalbindung im demografischen Wandel – Die entscheidende Rolle der Mitarbeiterbindung für den Unternehmenserfolg. [Online] 2011. [Letzter Zugriff am: 12. 11. 2014.] http://books.google.de/books?id=4KsE fE584WYC&printsec=frontcover&hl=de&source=gbs_ge_summary_r&cad=0#v=onep age&q&f=false.

Mühlum, Albert und Gönekcer-Geenen, Norbert. 2003. *Soziale Arbeit in der Rehabilitation.* München : Erst Reinhart Verlag, 2003.

Nagel, Ulla und Petermann, Olaf. 2012. *Psychische Belastungen, Stress, Burnout? - So erkennen Sie frühzeitig Gefährungen für Ihre Mitarbeiter und beigen Erkrankungen erfolgreich voe!* Heidelberg, München, Landsberg, Frechen, Hamburg : ecomed Sicherheit, 2012.

Okunowski, Katja. 2009. *Betriebliches Gesundheitsmanagement als Prävention beruflicher Gratifikationskrisen (Bachelorarbeit).* Hamburg : Diplomica-Verlag , 2009.

Pangert, Barbara und Schüpbach, Heinz. 2011. Arbeitsbedingungen und Gesundheit von Führungskräften auf mittlerer und unterer Hierarchieebene. [Buchverf.] Bernhard Badura, et al. *Fehlzeiten-Report 2011 - Führung und Gesundheit.* Berlin Heidelberg : Springer-Verlag, 2011, S. 71-79.

Pinquart, Martin, Schwarzer, Gudrun und Zimmermann, Peter. 2011. *Entwicklungspsychologie - Kindes- und Jugendalter.* Göttingen : Hogrefe, 2011. S. 224-225.

Rena, Feigin, Moshe, Sherer und Abraham, Ohry. 1996. Couples' adjustment to one partner's disability - the relationship between sense of coherence and adjustment. Rena. [Buchverf.] A., Merkin, S., Arnett, D Roux. *Social Sciences and Medicine.* 43. 1996, S. 163-167.

Rimann, Martin und Udris, Ivars. 1998. „Kohärenzerleben" (Sense of Coherence): Zentraler Bestandteil von Gesundheit oder Gesundheitsressource? [Buchverf.] Wolfgang Schüffel et al. *Handbuch der Salutogenese - Konzept und Praxis.* Wiesbaden : Ullstein Medical, 1998, S. 351-373.

Rohde, Bernhard und Zetsche, Oliver. 2013. Wissenschaftliches Arbeiten - Ein kritischer Leitfaden zum Verfassen von Hausarbeiten und Bachelor-/ Masterarbeiten in Studiengängen für Soziale Arbeit. *socialnet. Das Netz für die Sozialwirtschaft.* [Online] 2013. [Letzter Zugriff am: 05. 11. 2014.] http://www.socialnet.de/ materialien/166.php.

Rolle, Stefanie. 2012. *Work-Life-Balance als Zukunftsaufgabe: Personalbindung und Arbeitszufriedenheit im Kontext der Familienfreundlichkeit.* Hamburg : Diplomica-Verlag, 2012.

Rosenstiel, Lutz von und Nerdinger, Friedemann W. 2011. *Grundlagen der Organisationspsychologie - Basiswissen und Anwendungshinweise.* 7. Auflage. Stuttgart : Schäffer-Poeschel, 2011.

Sack, Martin, Hans-Werner., Künsebeck. und Lamprecht, Friedhelm. 1997. Kohärenzgefühl und psychosomatischer Behandlungserfolg - Eine empirische Untersuchung zur Salutogenese. *Psychotherapie, Psychosomatik, Medizinische Psychologie.* 47. 1997, S. 149-155.

Sack, Martin, Künsebeck, Hans-Werner und Lamprecht, Friedhelm. 1997. Kohärenzgefühl und psychosomatischer Behandlungserfolg. *Psychotherapie, Psychosomatik und Medizinische Psychologie.* 47. 1997, S. 56-67.

Sakris, Jan. 2014. *Gesundheit im Unternehmen - Zur Anwendung salutogenetischer Prinzipien im Rahmen der betrieblichen Gesundheitsförderung bei älteren Mitarbeitern (Masterarbeit).* Norderstedt : Grin-Verlag, 2014.

Satow, Lars. 2012. Neurotizismus. [Online] 2012. [Letzter Zugriff am: 06. 01. 2015.] http://www.psychomeda.de/lexikon/neurotizismus.html.

Schiepek, Günter, et al. 2001. Stationäre Rehabilitation alkoholabhängiger Patienten - Evaluation eines systemisch-ressourcenorientierten Konzepts. *Psychotherapeut.* 46. 2001, S. 243-251.

Sell, Stefan und Jakubeit, Gudrun. 2005. *Leistungsfunktionen im strukturellen Wandel - Studienbuch 3 zum Bildungs- und Sozialmanagement.* Remagen : ibus-Verlag, 2005.

Siegrist, Johannes und Dragano, Nico. 2008. Psychosoziale Belastungen und Erkrankungsrisiken im Erwerbsleben - Befunde aus internationalen Studien zum Anforderungs-Kontroll-Modell und zum Modell beruflicher Gratifikationskrisen. *Bundesgesundheitsblatt - Gesundheitsforschung - Gesundheitsschutz.* 51. s.l. : Steinkopff-Verlag, 2008, S. 305–312.

Siegrist, Ulrich. 2010. *Der Resilienzprozess: Ein Modell zur Bewältigung von Krankheitsfolgen im Arbeitsleben.* Wiesbaden : VS Verlag für Sozialwissenschaften, 2010.

Simsa, Ruth und Patak, Micheal. 2008. *Leadership in Nonprofit-Organisationen - Die Kunst der Führung ohne Profitdenken.* Wien : Linde Verlag, 2008.

Springer Gabler Verlag. 2015. Gabler Wirtschaftslexikon. *Anspruchsgruppen (weitergeleitet von Stakeholder).* [Online] 2015. [Letzter Zugriff am: 26. 02. 2015.] http://wirtschaftslexikon.gabler.de/Archiv/1202/anspruchsgruppen-v6.html.

Stangl, Werner. 2011a. Rekognitionsheuristik - Lexikon für Psychologie und Pädagogik. *Definition Eustress.* [Online] 2011a. [Letzter Zugriff am: 22. 10. 2014.] http://lexikon.stangl.eu/4136/eustress/.

—. 2011b. Rekognitionsheuristik - Lexikon für Psychologie und Pädagogik. *Definition Distress.* [Online] 2011b. [Letzter Zugriff am: 22. 10. 2014.] http://lexikon.stangl.eu/4138/distress/.

Strehmel, Petra und Ulber, Daniela. 2014. *Leitung von Kindertageseinrichtungen - Grundlagen für die kompetenzorientierte Weiterbildung.* München : Deutsches Jugendinstitut e. V./ Weiterbildungsinitiative Frühpädagogische Fachkräfte, 2014. Bd. 10, WiFF Wegweiser Weiterbildung.

Trilling, Thomas. 2012. *Druck und Stress im Vertrieb positiv nutzen - So steigern Sie berufliche Performance und Lebensqualität.* Wiesbaden : Springer Gabler, 2012.

Weber, Hannelore. 1994. *Ärger - Psychologie einer alltäglichen Emotion.* Weinheim, München : Juventa., 1994.

—. 1993. Ärgerausdruck, Ärgerbewältigung und subjektives Wohlbefinden. [Buchverf.] Volker Hodapp und Peter Schwenkmezger. *Ärger und Ärgerausdruck.* Bern : Huber, 1993, S. 253–271.

Weltgesundheitsorganisation (WHO). 2006. Constitution of the World Health Organization. [Online] Basic Documents. Forty-fifth edition, 2006. [Letzter Zugriff am: 11. 01. 2015.] The Constitution was adopted by the International Health Conference held in New York from 19 June to 22 July 1946, signed on 22 July 1946 by the representatives of 61 States and entered into force on 7 April 1948. http://www.who.int/governance/eb/who_constitution_en.pdf.

—. 1998. Gesungdheit 21 - Gesundheit für alle im 21. Jahrhundert - Eine Einführung. *Europäische Schriftreihe Gesundheit für alle Nr. 5.* [Online] 1998. [Letzter Zugriff am: 10. 01. 2015.] http://www.euro.who.int/__data/assets/pdf_file/0006/109761/EHFA5-G.pdf.

—. **1986.** Ottawa-Charta zur Gesundheitsförderung. [Online] 1986. [Letzter Zugriff am: 09. 01. 2015.] WHO-autorisierte Übersetzung - Hildebrandt/ Kickbusch auf der Basis von Entwürfen aus der DDR und von Badura sowie Milz. http://www.euro.who.int/__data/assets/pdf_file/0006/129534/Ottawa_Charter_G.pdf.

—. **1946.** Verfassung der Weltgesundheitsorganisation. *Unterzeichnet in New Yo rk am 22. Juli 1946. Ratifikationsurkunde von der Schweiz hinterlegt am 29. März 1947.* [Online] 1946. [Letzter Zugriff am: 11. 01. 2015.] http://www.admin.ch/opc/ de/classified-compilation/19460131/201405080000/0.810.1.pdf.

Westermayer, Gerhard und Bähr, Bernhard. 1994. *Betriebliche Gesundheitszirkel.* Göttingen : Verlag für Angewandte Psychologie, 1994.

Wiesmann, Ulrich, et al. 2006. Zur Stabilität und Modifizierbarkeit des Kohärenzgefühls aktiver älterer Menschen. *Zeitschrift für Gerontologie und Geriatrie.* 39. 2006, S. 90-99.

Die Autorin

Sabine Nitsch, M.A., wurde 1989 in Blankenburg (Harz) geboren. Im Jahr 2012 schloss sie ihr Grundstudium der Sozialen Arbeit an der Hochschule Fulda ab. Im anschließenden berufspraktischen Anerkennungsjahr für SozialpädagogInnen im Elternseminar der Stadt Stuttgart entwickelte die Autorin großes Interesse für die Themen Personalführung und Gesundheit im Job. Dies führte dazu, dass sie im Masterstudium ihren Schwerpunkt auf gesundheitsfördernde Personalführung legte und der Aspekt der Selbstführung immer stärker ins Zentrum ihres Erkenntnisinteresses rückte. Das Masterstudium der Sozialen Arbeit an der Hochschule für Angewandte Wissenschaften Hamburg schloss sie im Jahr 2015 mit dem akademischen Grad Master of Arts erfolgreich ab.

Printed in Poland
by Amazon Fulfillment
Poland Sp. z o.o., Wrocław

31028121R00071